JN022259

鎌倉・小田原・遠江の浜名氏

Toshio Hamana
浜名敏夫

Parade Books

私の浜名氏研究ノート
―巻頭言に替えて―

福田弘夫

筆者浜名敏夫氏と私は数年間のお付き合いになります。私は二十年以上前から、先祖と考えられる「浜名豊後守」を調査しており、多くの方々に問い合わせをして、『戦国遺文　後北条氏』を纏められた故下山治久先生から浜名敏夫氏をご紹介いただきました。はじめは特別な交流があったわけではありませんでしたが、数年前に浜名敏夫氏から、浜名氏に関する歴史を執筆されるとの話を伺い、私が調査した我が家の情報などをお伝えしました。今回の浜名敏夫氏執筆内容では、浜名氏に関する多くの地域、多くの時代の出来事を調べられ、私にとっての新発見があり、今後の課題も頂き、ここに感謝し申し上げたいと思います。

そこで浜名敏夫氏に御礼の気持ちとして、過去の私の先祖調べの経緯や実施内容を述べたいと思います。私の調査では、分かった事もありましたが、残念ながら、ある時点で限界になり、中断しました。以下に少し長くなりますが、我が家の調査をした経緯や状況などについて説明します。

私が住む相模原市では江戸時代の名主などを務めた各家の古文書を博物館に保管しており、その資料一覧も作成しています。その中に既に浜名さんに送付済みの我が家の古文書の家系図もあり、他に江戸時代末期の『新編相模国風土記稿』や明治はじめに作成された『皇国地誌』にも我が家の事が書かれ、浜名豊後守某、その息子の福田兵庫之助忠光の名前が出ていましたが、「浜名豊後守」を調査するのは無理と考えていました。

二十年ほど前、下山先生が相模原市立博物館で戦国期の後北条氏について、地元の当麻の関山氏などの講演をされました。その時に「浜名豊後守」についてお聞きしたところ、鎌倉の大巧寺の古文書に浜名豊後守の名前が出ているという説明を受け、浜名豊後守が後北条氏の家臣であり、日蓮宗であることが分かりました。その後下山先生が藤沢の朝日カルチャーセンターで「戦国期の古文書」の講座を持たれており、後北条氏について聴講しました。

次に私の先祖調べに大きな影響を与えた方がいます。それまでは全く存じ上げない天野氏という私の遠縁の方が、彼の家の家系を纏め、自費出版されました。彼の父親系の天野家は和歌山藩の家臣で明治維新の後に横浜市に住み、何かの縁で相模原市の田名の女性と結婚されました。この家には福田家の明治の頃の人物が婿や嫁に行っており、天野氏がご自分の先祖調べで福田家にも調査に訪ねて来られました。その時に「浜名豊後守」はどういう人物かということになり、その時から五年間ほど一緒に「浜名氏、布施氏、福田など」について、二人で調査しました。彼は横浜に住み、私と年齢も同じで、卒業した大学も同じであり、いろいろ交流しました。

一緒に実施したことは次の様な事でした。「姓氏学会」での「我が家の先祖の浜名豊後守は誰か」ということで、私が話しました。そのことがはじまりで、以下の様な調査をしました。

(一)神奈川県下の百軒ほどの「浜名氏」に手紙を送り、浜名豊後守との関係がないか問い合わせをしましたが、返事があったのは二件で、一つは先祖が群馬の方だったと思われます。二つめの方は「天台宗の比叡山延暦寺の僧侶」の方でしたが、大きな進展はありませんでした。この頃と思われますが、天野氏が「千葉県に浜名敏夫氏」がおられることを調べていました。

(二)鎌倉駅前の大巧寺を訪ね、そこの女性、産婦人科の医師だったようですが、浜名豊後守の事を尋ねましたが、「あなた達の方が良く知っている」と言われました。この寺は五代住職が安産祈願をして、現在は「おめんさま」で有名です。この寺は、昔は妙本寺の院家で、現在は単立寺院で、一般の檀家はないようでした。一般のお墓はありませんでしたが、「浜名豊後守の墓」など数基の墓があり、境内は広くないお寺でした。

(三)同じく鎌倉の日蓮宗の中心の妙本寺も訪ねましたが、墓地を見てまわるだけで、お寺の方とは話しをしませんでした。墓地には、多くの墓があり、浜名豊後守の墓の特定は無理でした。

(四)小田原の九老僧の日澄上人が生まれたという「蓮昌寺」を訪ね住職と話しをしましたが、浜名豊後守の特別な情報はありませんでした。更に小田原の方々の主催の小田原城めぐりに参加しました。

(五)我が家は初代福田兵庫助の時から日蓮宗の檀家であり、日蓮宗系大学の立正大学に二十年ほど前から、社会人として仏教学部で日蓮宗の事を学んでいます。その関係から『大田区史』という日蓮宗寺院の過去帳などを纏めた本があると知り、その纏めをされた安西氏を訪ねました。安西氏は鎌倉の龍口寺の貫首をされていましたが、普段は子息が住職をされていた東京の蒲田のお寺に住んでおられました。しかし、浜名豊後守の事については特別の話しはありませんでした。

(六)下山先生の紹介で、藤沢に住む相模の武士団について多くの本を著作されていた湯山学氏のお宅を訪ね、福田氏についてお聞きしましたが、新発見はありませんでした。

(七)天野氏と、平塚市の田舎にある、「布施氏」のお宅、お墓を見て廻りました。布施氏を想像出来るような屋敷と、墓がありました。なお、幕臣になった布施氏の一族の布施弥市郎に江戸時代中期に福田家当主が名主をやめた後に仕えたとの記録があり、北条氏の家臣の関係から、そうなったのかと想像しています。

（八）地元の「さがみはら地名の会」で私が「浜名豊後守」の説明をした時に、天野氏がＩＴで探し出した大学生で、石川県の浜名さんを会に招きました。戦国時代の頃に前田家の家臣になったのかどうかと考えましたが、それ以上の情報はありませんでした。

（九）その後、浜松市の村田氏が浜名氏について調査されていることを知り、その関係により、『浜名史論』、『湖西市史』の「浜名神戸」論ノート「神戸の住人その一」を入手しました。この中から浜名氏一族の大矢氏の情報を得ました。

実は私の父が所持していた本、父や兄、私の母校の神奈川県立厚木高校、当時は中学の初代校長・大屋先生のことを纏めた本と付き合わせたところ、両者の内容が浜名氏の子孫であることが分かりました。大屋先生のお嬢さんが厚木の農民作家・和田傳氏の奥さんになり、その子孫が厚木に住んでおられました。和田傳氏のお宅には、私の父が厚木中学に入学した時に、下宿していました。これらの事から、和田氏のお宅を訪ねたいと考えていましたが、現在ご子孫は他の場所に住んでいて、先祖のことなどは、お聞きできませんでした。

（十）北条氏照の娘・貞心尼が住んだ地域に貞心神社があり、その祠が地域の人達により再建され、それを記念して『山中貞心神社』という冊子を、私と井上氏とで執筆し、作成しました。この中で、貞心尼の夫・山中大炊助、井上氏、福田家の調査は十分には出来ませんでした。

以上のような事を調べましたが、「浜名豊後守は誰であるか」という事はわからず、天野氏との調査は自然消滅しました。

（参考資料）福田家に関する代表的な資料の内容は次のようになります。

（一）『新編相模国風土記稿　第三巻』（三五九ページ）、旧家重郎兵衛の先祖福田兵庫助忠光は北条左近大夫氏政の臣浜名豊後守某次男なり、氏政かって忠光をして氏照に附属す、氏照息女を山中大炊助に嫁せしむる時忠光を従はしむ、息女剃髪の後忠光猶勤仕し、卒後遂に村民となる、是より今に至りて九世に及ぶと云う、などとあります。

（二）鎌倉市の大巧寺文書（五ページ、天正三、一五七五年）に「譜代旦那の浜名豊後守時成が大巧寺に土地を寄進した」とあり、この浜名氏は日蓮宗で、四代北条氏政の家臣であることから、福田家の先祖と想定出来ると考えました。なお、下溝村では福田家（名主）と矢野氏の約十軒のみが日蓮宗の厚木の寺の檀家で、他の数百軒の家々は曹洞宗の二ヶ寺の檀家です。

（三）江戸時代の福田家の家系図の中に「中年ヨリ名主役上ケ江府布施弥市郎手代役勤」とあり、この布施弥市郎は『寛政重修家譜』の人物と想定され、彼は大森銀山の代官も務めていたようです。北条氏家臣の関係で、福田要助（濱名豊吉久雄）が名主役の後に手代となったと考えられます。

（四）『神奈川県姓氏家系大辞典』（七〇三ページ）に『新編相模国風土記稿』と同様に福田兵庫助の説明があります。

（五）我が家には福田家の家系が分かる、福田兵庫之助から現在までの墓石がある墓地、同じくそれぞれの位牌、更に福田兵庫助が作った貞心尼の位牌もあります。

（六）『大屋先生』に厚木高校初代校長の大屋八十八郎先生の家系図があり、大屋氏は、静岡県三ケ日の浜名氏の一族です。戦国期には今川氏の家臣でしたが、今川氏が滅亡した時に、徳川家家臣・本多氏の家臣となりました。大屋先生は幕末に本多家の江戸屋敷で生まれ育ったようです。

―以上―

はじめに

『鎌倉・小田原・遠江の浜名氏』は、おおむね三部に分けております。

第一は、奈良の浜名氏を中心としており、とくに、浜名王の叔父である秋篠王は、土師氏が菅原氏・秋篠氏・大枝氏（大江氏）と改姓して、三氏に分れたため、秋篠氏と混同されていると、言えるでしょう。敏達天皇の孫という皇統の末裔であることが、忘れ去られてしまったのです。また、秋篠王は、皇族の受ける真人姓を、二度にわたり、授与されています。「丘基真人」の授与から僅か半年で、「豊国真人」を授与されていることなどが、影響したのかも知れません。いずれにしろ、敏達天皇の広瀬郡進出による百済川流域への開発と、それに伴う流れの一環として、秋篠川の開発も、敏達天皇によって、平城京の成立以前に行われたのでしょう。『敏達天皇の広瀬郡進出について』は、『日本書紀研究』第十四号　塙書房に、平林章二氏の優れた発表論文があります。

いずれにしましても、菅原池がある菅原の地には、土師氏が先住していた可能性が高いのです。そして、行基が建立したとされる菅原寺があり、修験者行基は、ここ平城京の地で布教を行い、最後は、菅原寺で入滅しています。また、行基は、聖武天皇に東大寺大仏の造立の勧進元を依頼されて、これを立派に、なし遂げたことでも有名です。

第二は、鎌倉の浜名氏を中心として、鎌倉・妙本寺の開基である日朗と、その弟子である日澄・日善・日行の活躍および妙喜禅尼（浜名殿）・浜名尼（三浦和田氏の和田茂実室）の存在を資料で、確認しています。なお、日澄・日善・日行は、いずれも朗門流九老僧の方々で、浜名氏一族とされています。

浜名尼は、没落した三浦氏（三浦和田氏系統）の嫡男に嫁ぎ、一族をまとめ上げていきます。続いて、浜名豊後守時成と『妙本寺過去帳』（正規には、妙本寺大堂常什回向帳です。）から、参拝の動向・特徴などの分析を行っています。とくに、玉縄城主北条氏勝室（松山城主上田朝直の次女）「妙俊」の妙本寺への参拝回数・同行者の多さには、驚愕させられます。なお、妙本寺過去帳は、『大田区史　資料編寺社（二）』に、載せられています。

第三は、遠江の浜名氏を中心としており、連歌をとおして浜名氏の歴代を考えています。その成果は、浜名詮政によってもたらされました。浜名詮政は、連歌の家元である二条良基と若き将軍足利義満を結ぶ近習役となり、両者から気に入られたのです。その様子は、東城坊秀長の日記である『迎陽記』に詳しく記されていますが、残念ながら、その期間が、わずか一年半で終わってしまいます。なお、東城坊秀長は、土師氏（大江氏）から出た貴族です。『迎陽記』は、校訂小川剛生氏によって、八木書店から発刊されています。浜名詮政の行動が明確になったことで、遠江の浜名氏の歴代がはっきりしました。

以上が、『鎌倉・小田原・遠江の浜名氏』の本書のあらすじとなっております。

目次

第一巻

奈良・遠江の浜名氏

第一部　奈良の浜名氏について

奈良平城京設立以前、現在の奈良県北部地域の、開発に入ったのが、敏達天皇の孫百済王であり、それと相前後して、土師氏が菅原池周辺の開発を行なっています。

第一章　百済王による秋篠川流域の開発

秋篠川流域・菅原池周辺の開発は、奈良平城京設立以前、現在の奈良県北部地域に、開発に入っています。百済王は、敏達天皇の孫で、舒明天皇の弟になります。舒明天皇は、祖父敏達天皇と共に、早くから、百済川流域の開発に着手しています。

秋篠川は、平安京の北部を、北から南に流れ、市場を通過した後、佐保川と合流し、浪速津（大阪湾）に流入しています。秋篠川は、大和国と山城国の国境近くに、源を発する重要な河川です。蘇我氏との姻戚関係を持たない、敏達天皇は、広瀬郡進出（百済川流域）を計画し、実行しました。

第二章　土師氏による菅原池周辺の開発

菅原池を中心として、菅原・秋篠の地区を開発する土師氏は、開発の可能性をみたことでしょう。なお、奈良・菅原池は、六〇九年（推古天皇十五年冬）に完成しています。百済川流域の開発は、彦人大兄王子（父は敏達天皇）に任せたので、直系の舒明天皇が、百済川流域の開発の中心となります。舒明天皇は、百済川流域に、百済宮・百済大寺を建立して行きます。まさに『日本書紀』の六三八（舒明天皇一〇年）七月にあるように、「西の民は宮を作り、東の民は寺を作る」に近い状況だったのでしょう。ここでいう西は、安芸国、東は、遠江国あたりまでを、指しています。秋篠川流域は、孫の百済王に任せられ、百済王の子の秋篠王、孫の船城王が補佐したものと思われます。百済・秋篠川の、両川の開発は、敏達天皇ご一家の総力をあげての取り組みだった、と言っていいでしょう。

第三章　百済王の一族

百済王の父は、彦人大兄王子で、祖父は敏達天皇です。百済王の子は、はっきりしませんが、高安王（大原真人）・清水王（海上真人）・秋篠王（丘基真人・豊国真人）・広野王（池上真人）の四名がいます。秋篠王の名乗る丘基真人・豊国真人ですが、丘基真人は、岡本の宮、豊国真人は、琵琶湖に流れる豊国川と関連があるように思えます。あと一名は、浜名王の父王までとしかわかりません。孫は、清水王の子三狩王（池上真人）、秋篠王の子継成王（丘基真人）、そして、不明王の子浜名王（丘基真人）・船城王（丘基真人・豊国真人）・愛智王（丘基真人）です。百済王は、舒明天皇の弟で、舒明天皇と、同じ母親の糠手媛となります。舒明天皇のお子である天智天皇・天武天皇は、甥御さんにあたります。分かり易く、図にまとめます。

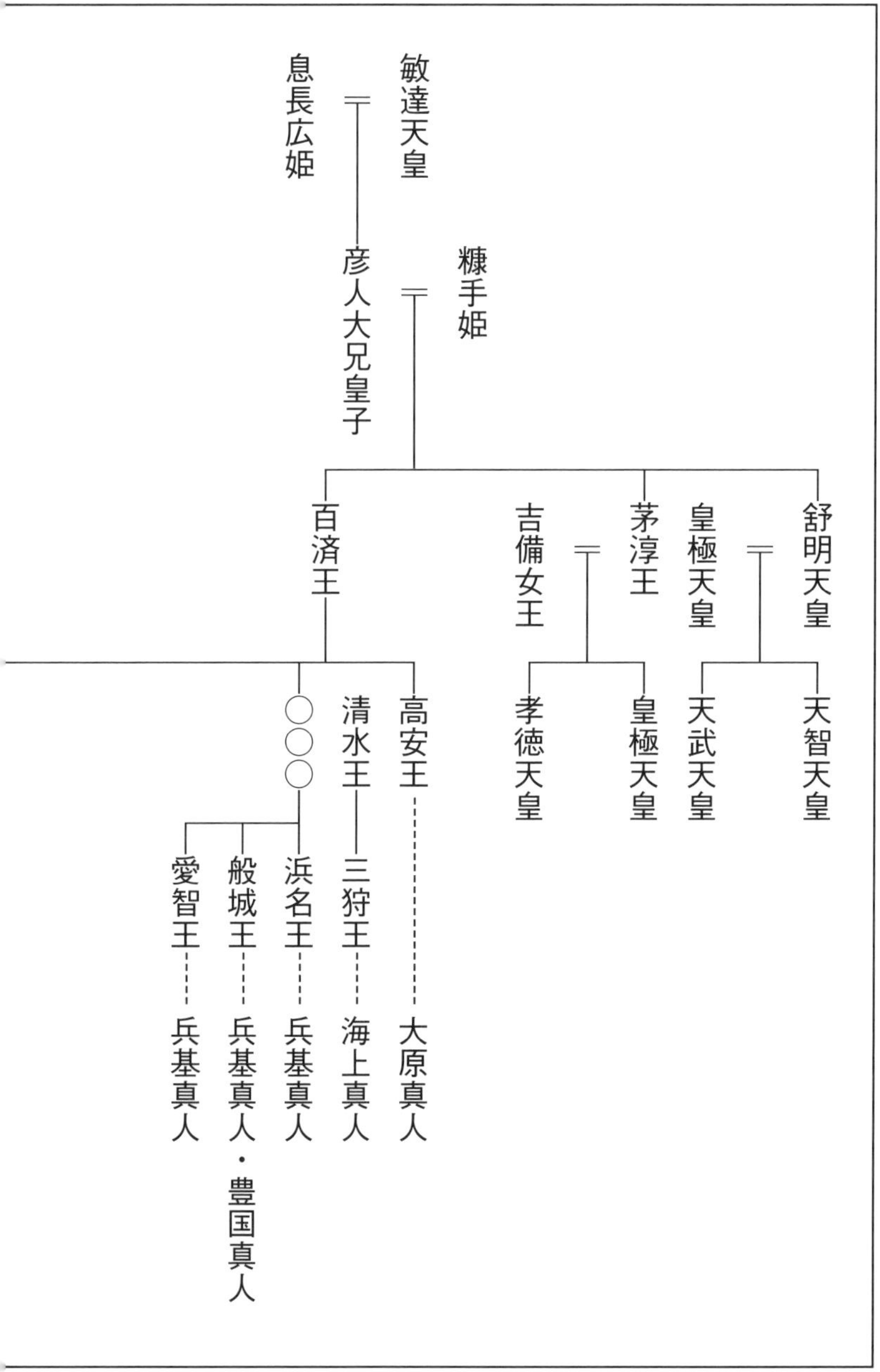

系図1
百済王一族系図

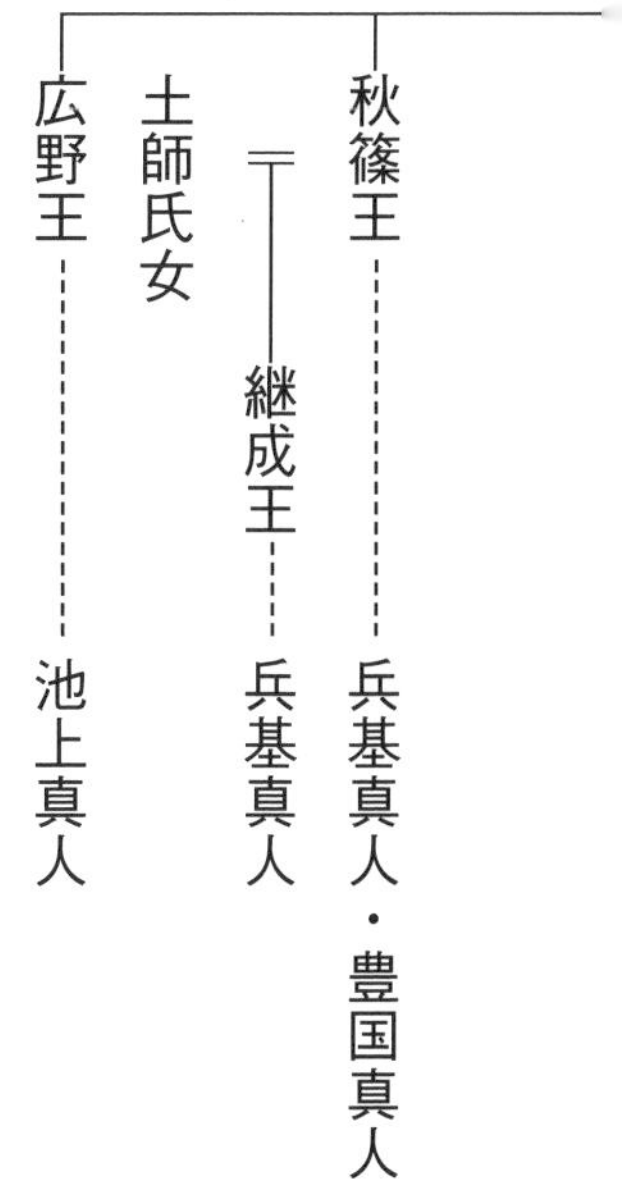

表1　浜名王関連年表　出典「続日本紀」

番号	西暦	和暦	記事	備考
1	六三二	舒明　四・一〇・四	唐国の使人高表仁を難波津（江口）で、難波吉士小槻が案内役を勤める	日本書紀
2	七〇八	和銅　元年・四・二〇	従四位下柿本朝臣左留が卒する	続日本紀上103
3	七二七	神亀　四・正月・二七	正六位上柿本朝臣建石に従五位下を授ける	続日本紀上278
4	七三七	天平　九・八・二八	正六位上柿本朝臣浜名に外従五位下を授ける	続日本紀上373
5	七三八	天平　一〇・四・二二	外従五位下柿本朝臣浜名を備前守に任ずる	続日本紀上379
6	七四九	天平勝宝 元年・一一・二七	正六位上柿本小玉に外従五位下を授ける	続日本紀中91
7	七五四	天平勝宝 六・閏一〇・一九	秋篠王、男継成王及び浜名王、船城王、愛智王の五人に丘基真人の氏姓を賜る	続日本紀中123

8	七六一	天平宝字 五・一〇・一	従五位下柿本朝臣市森を主計頭に任ずる	続日本紀中272
9	七七八	宝亀　九・五・一八	正六位上柿本朝臣猪老、正倉院宝物琵琶二面の記載をする	正倉院文書
10	七八七	延暦　六・六・二六	正六位上柿本朝臣弟足、正倉院御物目録に署名する	平安遺文
11	八〇五	延暦　二四・八・七	正六位上小槻連浜名に外従五位下を授ける	日本後記

第四章　秋篠王の略歴

秋篠王は、七四九（天平勝宝）元年十一月二十六日に、無位から従五位下を授けられ、宮廷への初出仕となりました。続いて

七五四（天平勝宝六年）四月五日　従五位下秋篠王を小納言に任じる
七六二（天平宝字六年）正月九日　従五位下豊国真人秋篠を雅楽頭に任じる
七六八（神護景雲二年）七月一日　豊国真人秋篠を石見守に任じる
七七〇（宝亀元年）九月十六日　豊国真人秋篠を甲斐守に任じる
〃　（宝亀元年）十月二十三日　従五位下豊国真人 治部大輔に任じ、甲斐守はそのままとする。

と歴任しているので、その後、従五位上あるいは正五位下に任じられたと思われます。残念ながら記録には見えません。雅楽頭は、真人の資格が必要のようで、治部大輔は、資格からすると従五

位上に相当します。雅楽頭は、宮廷の音楽隊長のようなものです。

第五章　浜名王と浜名を名乗る一族

浜名王は、丘基真人を賜っております。浜名王については、続日本記には、七七五（天平勝宝七年）四月十八日の条に、「丘基真人秋篠ら二十一人に、豊国真人の氏姓を賜る。」とあるだけで、残念ながら、二十一人の名前が判明しませんので、不明というほかありません。「豊国真人」は、琵琶湖に流入する豊国川を指すと思われます。

浜名を名乗る一族には、柿本朝臣浜名の一族と小槻連浜名の一族がいます。

柿本朝臣浜名の略歴は、二件が、『続日本紀』に記されています。

七三七（天平九年）八月二十八日　正六位上柿本朝臣浜名に外従五位下を授ける

七三八（天平十年）四月二十二日　外従五位下柿本朝臣浜名を備前守に任ずる

となります。

第一節　柿本朝臣浜名の一族について

『続日本紀』に、

七〇八（和銅元年）四月二十日　従四位下柿本朝臣佐留が卒する

七二七（神亀四年）正月二十七日　正六位上柿本朝臣建石に従五位下を授ける

七四九（天平勝宝元年）十一月二十七日　正六位上柿本小玉に外従五位下を授ける
七六一（天平宝字五年）十月一日　従五位下柿本朝臣市森を主計頭に任ずる
七七八（宝亀九年）五月十八日　小判官正六位上柿本朝臣猪老、正倉院宝物琵琶二面と記載があります。
七八七（延暦六年）六月二十六日　正六位上柿本朝臣弟足、正倉院目録に、記載が、あります。

第二節　小槻連浜名

小槻連浜名が、一件だけ、『日本後紀』に記されています。

八〇七（延暦二十四年）八月七日　正六位上小槻連浜名に外従五位下を授けるとあります。

第三節　小槻連浜名の一族について

小槻氏の祖は、八七三（貞観十五年）十二日正六位上行左小史兼博士小槻山公今雄であると、『滋賀県史第二巻上代中世』は、載せています。

中興の祖は、『権記』（上巻）に、小槻奉親で、九六三（応和三年）から一〇二四（万寿元年）までの生涯で、弁官局の官人、藏人所出納、左大史であったと記しています。また、小槻臣。垂仁天皇の皇子、於知別命の後なり。小槻の氏名は、近江国栗太郡小槻神社鎮座地の地名（滋賀県草津市青地町）に基づく。『新撰姓氏録考証篇第三』。小槻神社は、小槻氏一族が建立し、小槻氏一族の根拠地とされ、小槻氏一族が盤踞していたといいます。その後、八七三（貞観十五年）小槻氏は、この地から、本拠を京都に移したとしています。小槻連浜名は、京都移住の先駆者といえるでしょう。また、小槻大社が、近江国栗太郡栗東町大字トケ山に、所在します。小槻山公が、その祖神として、崇神天皇の皇子於知別命を祀ったとしています。

小槻連浜名の一族については、舒明天皇三年十月　浪波吉士小槻・大河内値矢伏に令して、導者として、館の前に行かせています。

六三三（舒明天皇五年）春、大唐の客、高表仁、国に帰る。送使吉士雄麻呂・黒麻呂、対馬に至りて、帰るとあります。「難波吉師」は、「難波吉士」と記されることが、多いのですが、同じ氏姓で、新羅系渡来人とみられます。吉士の姓をもつ者は、航海や外交事務などの職掌に関係した氏族に多いと日本書紀（小学館版）巻第十三注釈にあります。「難波吉師」は、敏達天皇五件、舒明天皇四件の外交関係に、活躍しています。これは、歴代の天皇のなかでも一番多いほうです。小槻氏一族は、敏達天皇、舒明天皇に登用され、発展しました。

第六章　浜名川と浜名湖

百済王一族（敏達天皇の孫の系統）は、今までの記述で、お気付のことと思いますが、河川に深い関係があるようです。並べてみますと、

百済王→百済川

秋篠王→秋篠川

浜名王→浜名川→遠江湖（浜名湖）

愛智王→愛智川→近江湖（琵琶湖）

船城王→船木郷→近江湖（琵琶湖）

豊国真人→豊国川→近江湖（琵琶湖）

の五川・二湖になり、国別にすれば、大和国・近江国・遠江国の三か国になります。ここでは、浜名氏発祥の地「浜名」について、見てみたいと思います。

第二部　遠江浜名氏発祥の地「浜名」

第一章　浜名氏発祥の地「浜名」

浜名氏一族は、遠江国新居郷浜名（静岡県湖西市新居町浜名）の、『浜名』の地名から起こったと考えられ、「浜名湖」と遠州灘を結ぶ『浜名川』も『浜名』の地名から名付けられたと思われます。『浜名川』は、「浜名湖」から遠州灘に流出する唯一の河川です。「浜名湖」の盛衰を握る重要な河川と言えます。「浜名川」は、古来から、流路・流域を頻繁に、変えています。江戸時代の流路は、現在、湖西市新居町の街並みと化しています。浜名の地に、建てられていた『角避比古神社』は、津波に流されて、跡形もありません。『角避比古神社』は、「延喜式」に載る名神大社です。

第二章　一般的な地名

『新編相模国風土記稿第四巻』に、小田原の地について、小田原浦は、「陶綾郡（カルボ）元高座郡の地名の属によって、当所の浜を浜名となすこと」とあります。浜名は、浜辺・海辺の名前を指し、ここでの海は、遠州灘のことです。ほかに、長い砂洲のあることが条件となるでしょう。浜名は、古くは、浜の名前を指したようです。その後は、各地に浜名は、ひろがっています。「七里ガ浜・稲村ケ崎」「大磯・久里浜・横浜」「富津・九十九里浜」などの名が、近県にみとめられます。

第三部　遠江国浜名氏の歴史

浜名氏の歴史は、一二四八年から一五三九年五月までの、約二百九十年間を、扱っています。

『浜名郡輸租帳』の新居郷・英多郷・都築郷を合わせた三カ所の領地は、浜名氏の歴史から見ても、『吾妻鑑』の一二四八（宝治二年）十二月十日条にある「将軍家御方違の儀　歩行浜名左衛門三郎」から一五三九（天文八年）五月「浜名政明判物写金剛寺を同一門派の寺とする」まで、約二百九十年間に渡り、遠江国浜名郡の地を、領地としてきた豪族であったと言って間違いないでしょう。『浜名郡輸租帳』の存在は、貴重です。

第一章　『浜名郡輸租帳』

七四〇（天平十二年）　『浜名郡輸租帳』の作成

『浜名郡輸租帳』に記載の範囲は、遠江国浜名郡新居郷（湖西市新居町）、浜名郡英多郷（浜松市北区三ケ日町）、浜名郡津築郷（浜松市北区三ケ日町）の三カ所の郷になります。不思議なことに、後世の浜名氏一族が支配した領地とほぼ一致しています。

第二章　浜名神戸の存在

八〇六（大同元年）八月三日　遠江国浜名神戸十戸・中田神戸十戸・旧神戸四十戸

第三章　角避比古神社の建立

角避比古神社の建立（浜名の神社）

八五〇（嘉祥三年）八月三日　遠江国新居郷浜名の、角避比古神社（つのさけひこじんじゃと読みます）を、官社にすると『日本文徳天皇実録』に記述されています。官社となる前からの存在を示唆しますが、詳しいことは、分かりません。しかし、『浜名』の地に、かって角避比古大社が、鎮座していたことは、間違いありません。遠江国に、神社四十二社、内大社二社あり、その内の一社が角避比古大社です。

第四章　猪鼻駅家の復置（浜名猪鼻の駅家）

八四四（承和十一年）十月十八日　遠江国浜名郡猪鼻駅家を復置します。『続日本後記』

第五章　浜名橋の修繕

「浜名川」に、懸けられた橋は、浜名橋と言われました。この浜名橋は、八八四（元慶八年）九月一日条の、『日本三代実録』に、長さ、（約一七〇メートル）幅（約七メートル）高さ（約四、八メートル）と、書かれています。浜名橋は、古今東西の多くの歌人・詩人に詠まれて現在は、浜名湖は今切で、遠州灘と直接につながっています。一四一一（応永十八年）の大地震の時に、浜名川は、陥没して、以後「今切」になったと伝わっていますが、はっきりとは分かりません。

第六章　東海道伝馬「浜名」（浜名の伝馬）

『延喜式巻二十八』九二七（延長五年）に、諸国駅伝馬のうち東海道伝馬に「浜名」馬五匹と載せるように、浜名の地は、古代から東海道の交通の要衝となっています。

第七章　遠江国浜名郡駅家の存在

九三一（承平元年）から九三八（天慶元年）までの『和名類聚抄』遠江郷第七十八に、浜名郡（坂本・大神・駅家・贄代・英多・宇智）とあり、遠江国浜名郡に駅家があります。この浜名郡駅家は、『浜名郡輸租帳』の新居郷に所在していたと思われます。また、浜名郡英多（浜松市北区三ケ日町）の地名も載せています。

第八章　浜名郡の郡名

浜名郡の郡名も、『浜名郡輸租帳』とあるように、ここ「浜名」の地から、名付けられたことでしょう。浜名郡には、他に、「浜名」の地名はないようです。古代の浜名郡の郡家が、ここ「浜名」の地に置かれていた可能性が高いでしょう。第一部第五章で、浜名川と浜名湖について、述べましたが、「浜名川」を詠んだ句があります。

ここで、浜名川をめぐっての句について述べます。浜名川を詠んだ句、浜名川の流れを詠んだ句、浜名の由来を述べる文の一例です。

第四部　浜名川と和歌

第一章　浜名川を詠んだ和歌

①浜名川みなとはるかに見渡せば　松原めぐるあまの釣船

とあり、この一句は、宗尊親王が、帰京する一二六六（文永三年）二十五歳の時に、浜名橋のたもとで、詠んだ句とされています。

二句目は、土御門院小宰相の、『夫木和歌集』に、

②はまなかわ（浜名川）いりしほさむみ（遠き）山おろしたかしのおきもあれまさる也

三句目は、時の将軍足利義教が、富士遊覧と称し、一四三二（永享四年）九月十五日に、橋本宿に宿泊します。その翌日の十六日に、浜名川を詠んだ句があります。

浜名橋をうちわたして、

③ハまな河（浜名川）よるみつしほの跡なれや　なきさにミゆる海士の小舟ハ

この三句（①・②・③）は、浜名の橋の存在と浜名川を詠んだことで、重要です。なお、これ以後、「浜名川」を、詠んだ歌は、出てきません。「浜名川」の名前は、この浜名の地名（湖西市新居町浜名）から、つけられたと思われます。浜名は、忘れられた地名といっていいでしょう。

第二章　浜名川の流れを詠んだ句

浜名川の流れを詠んだ句は、四句あります。「下行く水」とするのが二句で、「川浪」とするのが、二句です。最後は、浜名の由来を述べる文の一例です。

①影たえてした行く（浜名川）水もかすみけり　はまなの橋の夕暮
　藤原定家
『新勅撰和歌集』一二三五（文暦五年）完成に「読人知らず」として、
②こひしくははまなのはしをいでて見よ　したゆくみづに（浜名川）かげやとまると
　将軍足利義教
③忘めやはまなのはしもほの〴〵と　明わたる夜のすえの川浪（浜名川）
④暮わたる浜なのはしは霧こめて　猶すゑとをし秋の河なみ（浜名川）

第三章　浜名の由来を述べる一例

『庚子道の記』（名古屋叢書第十四巻）に、「浜名の橋ハ、入り江にかけられし、橋なれバ、はまな川（浜名川）とよミたまへると」していま す。これらは、浜名川の存在を記しており、浜名の「地名」が、古いことを表しています。浜名氏発祥の地は、古い伝統のある名前と思われます。

第四章　浜名川・浜名橋・浜名宿について

「浜名湖」は、古く「遠江湖」と呼ばれていますが、「浜名湖」になったのは、室町時代以降のことです。「浜名川」に、懸けられた橋が「浜名橋」で、「浜名橋」の橋のふもとが、「浜名宿」（橋本宿）ということになります。源頼朝が、一一九〇（建久元年）十一月二日に「橋本宿」で、遠江国目代から饗応を受けています。なお、「浜名宿」について、一二四二（仁治三年）に、源親行が『東関紀行』に記しています。「湖に渡せる橋を「浜名」と名ずく、奮（ふる）き名所なり。」

行きどまる旅寝はいつもかはらねどわきて浜名の橋ぞ過ぎうき

「一夜とまたりし宿あり。軒ふりたる茅屋の。所々まばらなる隙（ひま）より。月の影くもりなく差し入りたる折りしも。」と記載があります。「浜名宿」の様子が見てとれます。「浜名宿」が、一番古くからの宿場で、続いて、「橋本宿」・「新居宿」と発展してゆきます。

第五章　浜名湖・琵琶湖の名前

第一節　浜名湖（遠江湖）の名称

浜名湖と琵琶湖の名称は、意外に新しく、室町時代です。前章で述べましたが、浜名湖（遠江湖）は、一四八五（文明十七年）九月十三日の、万里集九の旅行記『梅花無尽蔵』に、「浜名湖を渡り、引間に着く」とあるのが、一番古いようです。（静五六）

第二節　琵琶湖（近江湖）の名称

一五〇七（永正四年）、景除周麟の『湖上八景』に、「琵琶湖を去る」とあるのが、古い記録になるようです。

第六章　浜名一族の移動と発展

浜名一族は、古代に「浜名湖」南西岸の浜名の地から、「浜名湖」北西岸の地、猪鼻湖北辺の英多に、移って、発展を続けて行きます。浜名氏の発展は、「浜名神戸」と関係が、あるように思われます。なお、移転の背景には、遠州灘の津波・地震・台風等の自然災害があったためと考えられます。

第二巻

鎌倉・小田原・金沢の浜名氏

第五部　鎌倉の浜名氏と京都の浜名氏

一三七二（応安五年）十二月十五日、入道浜名仍海は、将軍義詮の為、武州丸子保平間の采地を円覚寺に寄進しています。『新編相模国風土記稿』（神四六七七）

この書状は、次の第二章　浜名五郎政信の円覚寺への寄進状と相まって、浜名氏一族の鎌倉での動向を知るのに、貴重な資料になっています。（神四九九六）Ａグループ（京都）の総帥は、足利尊氏で、Ｂグループ（鎌倉）の総帥は、足利基氏です。足利公方として坂東地域を支配します。

第一章　浜名仍海の円覚寺への寄進状に見る霊名

一三七二（応安五年）二月十五日　（神四六七七）

霊名　足利義詮（宝篋院殿）

第一節　Ａグループ（京都）の構成

足利尊氏・足利義詮

浜名仍海・浜名三河守・浜名詮政・浜名持政・浜名与一

第二節　Ａグループ（京都）の動向

一三四九（貞和五年）十月三日、鎌倉を出発し、上京します。十月二十二日に、京都に、到着しています。

第二章　浜名五郎政信の円覚寺への寄進状に見る霊名

一三八五（至徳二年）十一月六日　（神四九九六）

霊名　足利尊氏（長寿寺殿）・足利基氏（瑞泉寺殿）・上杉憲顕（桂山大禅定門）

足利尊氏・足利基氏・上杉憲顕

浜名朝経・浜名五郎政信

第一節　Bグループ（鎌倉）の構成

足利基氏・上杉憲顕、浜名朝経・浜名政信

第二節　Bグループ（鎌倉）の動向

一三四九（貞和五年）九月九日、京都を出発し、鎌倉に下向します。

三人の霊名　長寿寺殿（足利尊氏）・瑞泉寺殿（足利基氏）・桂山大禅門（上杉憲顕）を載せます。

第三章　浜名仍海の誕生日

年月日不詳の仍海置文（神四六七八）に、仍海の誕生日は、応長元年八月二十二日と書かれています。

第六部　鎌倉浜名氏の系譜

鎌倉から京都に移った浜名仍海のAグループ（京都）、反対に京都から鎌倉に下った浜名朝経のBグループ（鎌倉）は、それぞれ鎌倉・京都を拠点に活躍しており、鎌倉浜名氏と京都浜名氏の入れ替えは、浜名氏にとっても後世に多大な影響を与えていますので、鎌倉の浜名氏の系譜をまとめておきます。

浜名□□─┬─浜名禅門─浜名仍海─浜名詮政─浜名持政
　　　　　└─浜名□□─浜名朝経─浜名政信

第七部　浜名日澄・浜名豊後守時成と鎌倉妙本寺

第一章　妙本寺大堂常什回向帳（妙本寺過去帳）

妙本寺大堂常什回向帳は、妙本寺過去帳とも呼ばれ、坂東地域の歴史を知るのに大切な資料となっています。玉縄城主北条氏勝室の「妙俊」に見られように、歴史書にない人物の記載もあります。

第二章　妙本寺過去帳の重要性

浜名豊後守時成の家族、玉縄城主北条氏勝室の妙本寺参詣も記載されており、鎌倉浜名氏のみならず、上田氏・布施氏の動向を知る上でも、貴重な資料といえます。

第三章　玉縄城主北条氏勝室「妙俊」の妙本寺参詣

「妙俊」は、北条氏勝と結婚する前から、上田氏の息女として、妙本寺参詣をしていたようです。父上田朝直（松山城主）の影響からか、早くからの熱心な日蓮宗信者であったと思われます。

第八部　浜名日澄・浜名豊後守時成と鎌倉大巧寺

第一章　日澄聖人による日蓮宗への改宗

日蓮聖人から鎌倉大巧寺との論争を任された日澄聖人は、ここでも論争に打ち勝ち、大巧寺を、日蓮宗の寺院へと改宗させています。

第二章　浜名豊後守時成の寄進

浜名豊後守時成には、一五七五（天正三年）二月十七日　相模国三浦森崎郷（玉縄城の管轄）の地を、大巧寺（相模国鎌倉）に寄進した功績があります。このことは、同じ浜名氏ということで、関連があったと考えられます。

第三章　浜名豊後守時成の墓碑

鎌倉大巧寺の境内に、浜名豊後守時成の墓碑とする石塔が、存在しています。『新編相模国風土記稿』では、浜名豊後守時成の石塔と記載していますが、浜名豊後守時成の碑銘は、ありません。ただ、寺伝によれば、囲われた一画にある石塔は、浜名豊後守時成の石塔として、語り継がれてきたとあります。

第九部　浜名日澄の関連寺院

第一章　浜名日澄と日澄寺（鴨川市天津）

第一節　浄土宗寺院から日蓮宗寺院へ

工藤吉隆の信仰する浄土宗寺院（名前は伝わっていません）の住職から、仏法の討論を持ちかけられ、日蓮聖人は、日澄聖人に、論争に臨むように言われ、日澄聖人がこの論争に勝利します。日澄寺の成立です。

第二節　日澄寺の三世

日澄寺（鴨川市天津）の開基は、日蓮聖人で、

一世日蓮聖人、二世日玉（工藤吉隆）、三世日澄聖人

となっています。日蓮聖人の手厚い対応を、物語っています。

第三節　日澄寺の移転

一七〇四（元禄十六年）の大地震・津波により、日澄寺の建物は、海中に流出したため、海岸沿いの天津集落から天津集落高台へと移転しています。

第二章　小松原法難と鏡忍寺（鴨川市小松原）

第一節　小松原の法難

一二六四（文永元年）十一月十一日、安房国小松原に於いて、小松原から天津（鴨川市天津）に向け、日蓮聖人一行は、五、六人（日澄聖人・鏡忍坊等）の供をつれての、帰り道に、東条景信とその一類、百人程度の暴徒の襲撃をうけ、鏡忍坊・工藤吉隆は、殉死しています。また、日蓮聖人・日澄聖人も重傷を負っています。

第二節　工藤吉隆と東条栄信

工藤吉隆は、安房国天津の地頭で、日蓮宗の熱心な、信者であったとされています。領民に心くばりをする領主様とされています。日蓮聖人が、東条氏一族に、襲撃された時に、いち早く天津の館から、小松原まで駆け付けています。

第三節　鏡忍寺（鴨川市広場小松原）の建立

一二六七（文永四年）天津の地頭工藤吉隆の子日隆が、安房国小松原の法難の地に、日蓮聖人の支援によって、建立されたと言われます。

第四節　鏡忍寺の三世

一世日蓮聖人、二世工藤吉隆、三世工藤日隆

第五節　誕生寺（鴨川市小湊）と妙蓮寺（鴨川市小湊）

一二二二（文永四年）日蓮聖人は、安房国東条郷（鴨川市小湊）で誕生しています。日蓮聖人生誕の地に建立されたのが、誕生寺で、日蓮聖人の御両親の菩提を祈って建立されたのが、妙蓮寺（鴨川市小湊）です。誕生寺は、数度の地震・大津波によって、海中に沈み、その後、現在地に再興されています。

第三章　浜名日澄と本遠寺（名古屋市熱田区）

尾張国本遠寺の開基

浜名日澄が、熱田神宮境内に、一三六八（応安元年）から一三七五（永和元年）までの間に、創立しています。連歌師里村紹巴の「富士見道記」に、法華堂で連歌会を興行したとあります。一五六七（永禄十年）に完成しています。なお、連歌会が開催されたことは、浜名日澄が、連歌に関係していたからだと考えられます。

第十部　小田原の浜名氏

第一章　日蓮宗朗門派の九老僧

鎌倉・小田原の浜名日澄・浜名日善・（浜名）日行は、ともに、日蓮宗朗門派のいわゆる、「九老僧」と呼ばれる高僧です。一時期、九老僧によって、鎌倉・妙本寺などの寺院の運営が行われたことがあります。

第二章　浜名日善

相模国小田原（小田原市蓮正寺村）の出身です。

第三章　浜名日澄

浜名日善と同じく、相模国小田原（小田原市蓮正寺村）の出身です。

第四章　日行聖人

相模国小田原（小田原市風祭村）の出身です。

第五章　日行聖人の出自

日行聖人の出自は、浜名氏一族と認められませんが、
①日行聖人は、浜名日善・浜名日澄と共に、九老僧を務めたこと。
②浜名日善・浜名日澄と同じように、蓮昌寺（蓮正寺）の住職を務めたこと。
③出身地が、浜名日善・浜名日澄と同じ、小田原であったこと。
などから、浜名氏一族との誤解が生じた可能性があります。

第十一部　日澄聖人・浜名豊後守時成と小田原蓮昌寺

第一章　小田原蓮昌寺の開基

浜名日澄が、祖父（妙珍山）・祖母（蓮昌院）の菩提を願って、相模国小田原蓮正寺村に、一三二一（元亨元年）に、建立されたとされています。

第二章　蓮昌寺の三世・四世

○開山「九老僧」大乗阿闍梨日澄、開基妙音阿闍梨日行、開基檀那浜名一族。

○一世大乗阿闍梨日澄、二世妙音阿闍梨日行、三世大法阿闍梨日善『日蓮宗寺院大鑑』

天文十四年四月一日の、『本迹寺文書』に、

（朗門流略譜）

①日澄―②日輪―③日山―④日顕―⑤日叡

日叡の肩書に、「池上五世・身延七世・小田原蓮昌寺四世」とあります。

天明二年（一七八二）九月七日に書写されています。

第三章　小田原・蓮正寺の移転

蓮昌寺の寺伝によりますと、蓮昌寺は、現在の場所から、北東六キロの蓮正寺村から移ってきたそうです。時期は、判らないとのことです。蓮正寺の遺跡と思われる場所に、稲荷神社が所在します。所在は、小田原市蓮正寺村、箱根登山鉄道バスのバス停「蓮正寺」で下車して、すぐにあります。小田急「螢田駅」から、北西に百メートルの近さです。この神社の由来は、はっきりしません。一

六六五（寛文五年）の「奉再興稲荷大明神一宇」の棟札と一八一〇（文化七年）の、題目千部供養塔の石碑が境内に、残されています。『小田原の神社巡り』上巻解説編神社案内編川西地域によります。

第四章　小田原城下八か寺の移転

小田原城外郭の土塁は、寺院の境内あるいは、隣接地にあります。鎌倉期から南北朝期建立の寺院は、伝筆寺・潮音寺（山角町）、蓮上院・善照寺（大工町）、蓮昌寺（筋違橋町）、福田寺（代官町）、法授寺（立花町）、城源寺（谷津）の八カ寺で、すべて北条氏の小田原城の外郭沿いにあるとしています。このことは、小田原城の外郭に、移転し、集められた可能性を示唆しています。蓮昌寺と海岸（高速道路）との間には、土塁の跡がいまでも残っています。『神奈川県の地名』

第五章　寺名の変更（蓮正寺から蓮昌寺へ）

日澄聖人が建立した『蓮昌寺』は、現在の小田原市本町四丁目（元筋違橋町）ではなく、現在地の北東約六キロメートルの相模国蓮正寺村にあったものと思われます。そして、小田原城の外郭沿いに、移転し、名称を、蓮正寺から蓮昌寺へ変更したものと考えられます。

第六章　地名の変遷

①相州小田原・蓮正寺村

蓮昌寺の最初の建立地とされています。日澄聖人が、浜名氏の館跡に、建立した地とされています。

②相州小田原・筋違橋町

蓮正寺村から移転しています。

③小田原市・茶畑町

筋違橋町から茶畑町への地名の変更です。

④小田原市・本町四丁目

茶畑町から本町四丁目への地名の変更で、現在の位置です。

第七章「蓮昌寺過去帳」に見る蓮昌寺の敷地面積

第一節　蓮昌寺の敷地面積

小田原の日蓮宗蓮昌寺の御除地境内は、

東二十三間　南四十三間

西三十六間　北三十七間
坪数千二百坪とあります。

第二節　「浜名稲荷社」の敷地面積

「浜名稲荷社」の坪数八坪余とあります。

第三節　「鎌倉北条浜名豊後守御差置境内」の意味

鎌倉北条浜名豊後守の意味は、玉縄城主北条氏勝の家臣浜名豊後守時成のことを、言い表しています。

浜名豊後守時成が、北条氏の家臣であったことが分かります。

立花敏彦住職さんによりますと、現在も境内は、同じくらい（千二百坪）の面積ということです。

第八章　浜名豊後守時成と「番神堂」

第一節　鎌倉・大巧寺の番神堂

鎌倉・大巧寺に、浜名豊後守時成の建立した番神堂がありました。番神堂は、日蓮聖人が、一二七四（文永十一年）佐渡から赦免の時に、「三十番神」を勧請したのが始めとされ、日蓮宗寺院に、多くあります。佐渡では、同じ渡来神の七福神の信仰と結びついて、盛んになり、いまでも続いています。

第二節　小田原・蓮昌寺の番神妙正合社

『新編相模国風土記稿巻之二十四村里部足柄下郡巻之三蓮昌寺』に、外国からの渡来神である番神の妙正合社を載せています。また、『神奈川県史研究第三十九号五十四年九月』江戸時代相州の寺院一―その数量的側面―青山孝慈氏に、小田原・蓮昌寺の番神妙正合社の記載があります。蓮昌寺が、筋違橋町在の時とされています。

第九章　浜名豊後守時成と「浜名稲荷社」

第一節　小田原・蓮昌寺の「浜名稲荷社」

小田原・蓮昌寺の境内に接続して、浜名豊後守時成の邸宅があり、屋敷神として、「浜名稲荷社」がありました。「稲荷社」は、七一一（和銅四年）、秦公伊呂具（はたのきみいろぐ）が、渡来人秦氏の一族の、鎮守社として、創始したとされています。三十番神・稲荷社の信仰は、渡来神の信仰で、あったようです。やはり、日蓮宗寺院に、多く見られます。

小田原・蓮昌寺の「浜名稲荷社」の敷地面積を、『蓮昌寺過去帳』は、十八坪と記しています。この蓮昌寺の隣接地に、玉縄城主北条氏勝の家臣浜名豊後守時成の浜名公屋鋪神「浜名稲荷社」があったと伝えています。残念ながら、「浜名稲荷社」は、現在、存在していません。蓮昌寺は、戦国期に、小田原・蓮正寺村から小田原・筋違橋町に移転していますが、その移転に、「鎌倉北条浜名豊後守」が関係していた可能性が、高いでしょう。また、浜名日澄が、浜名氏の館跡に、祖父母に感謝して、建立した蓮正寺（蓮昌寺）は、小田原・蓮正寺村にありましたが、浜名豊後守時成は、同じように、蓮正寺を、小田原・蓮正寺村からここ、小田原・筋違橋町に移したと考えられます。

第二節　小田原蓮正寺村の「稲荷社」

小田原蓮正寺村の「稲荷社」は、小田急蛍田駅の北東百メートル程の所に、あります。

箱根登山鉄道バスの停留所「蓮正寺」のそばです。この場所に、蓮正寺（蓮昌寺）があったと考えられます。当然、浜名豊後守時成の屋敷もありました。現在の蓮昌寺の位置から、北東に六キロの場所になります。「浜名稲荷社」・「稲荷社」については四十部第二章で、まとめを載せています。

『小田原の神社巡り』上巻解説編神社案内編川西地域神社探訪会を参考にしました。

第十章　浜名豊後守時成の邸宅

第一節　小田原蓮正寺の邸宅

小田原蓮正寺村にあった蓮正寺は、浜名日澄が祖父・祖母の菩提を祈って、浜名氏の居館跡に、建立したものと伝えられています。浜名氏の邸宅がありました。

第二節　小田原蓮昌寺の邸宅

小田原筋違橋町の蓮昌寺に、隣接して浜名豊後守時成の邸宅がありました。

第三節　浜名豊後守時成の系統

浜名豊後守時成の系統は、京都（鎌倉グループ）から下向した足利基氏に随行した浜名朝経の系統と考えられます。

第十二部　相州金沢（称名寺）の浜名氏

第一章　浜名禅門と金沢称名寺

①一三二九（元徳元年）十二月十九日、称名寺当知行分注進状
浜名　一丁　（神二七九八）

②一三三八（建武五年カ）　恵剱書状
浜名禅門　（神三三八〇）

③一三四三（康永二年）六月二日、湛叡書状
浜名禅門　（神三六九六）

④一三四九（貞和五年）五月三日、称名寺領加賀国軽海郷年貢済物結解状
浜名入道　弐百捌貫文　三月二十四日進上　替状在之　（神四〇一九）

⑤一三五〇（感応元年）三月十五日、称名寺領加賀国軽海郷年貢結解状
伍拾貫文　浜名殿　二月十二日、替状在之
佰百拾弐貫文　浜名殿　三月十六日、替状在之　（神四〇三五）
⑥一三八六（至徳三年）六月二十日、法花奥書
浜名殿第三年　（神二九三九）
⑦年月日不詳　浜名禅門、下尺萬事
『千葉県県外文書中世篇七四「龍女ノ教化」奥書

第二章　浜名禅門のまとめ

①一三三八（建武五年カ）七月八日、恵劔書状
浜名禅門　（神三三八〇）
②一三四三（康永二年）六月二日、湛叡書状
浜名禅門　（神三六九六）
③年月日不詳
浜名禅門、下尺萬事
『千葉県県外文書中世篇七四「龍女ノ教化」奥書

浜名禅門の関係する文書は、
初見、一三三八（建武五年カ）七月八日、
終見、一三四三（康永二年）六月二日、
の五年間の文書と考えられます。

第三章 「下尺萬」の地名

①一三三〇（元徳二年）五月七日、安房国下尺万真福寺伝受了
②一三四七（貞和三年）九月二十一日、安房国下尺万真福寺伝受了
③年月日不詳の書状 「下尺万」

第四章 年月日不詳の書状

この年月日不詳の書状は、「浜名禅門」・「下尺万」の記載があり、重要性が高いと考えられますので、年号の検討をしておきます。

下尺万の初出は、一三三〇（元徳二年）五月七日で、終出は、一三四七（貞和三年）九月二十一日になります。その間、十七年です。年月日不詳の書状は、この十七年間に、作成された書状と考えられます。

第十三部　浜名氏関係史料

第一章　浜名日善の木造胎内銅筒銘

一二八二（弘安五年）池上本門寺に、日蓮上人木造胎内銅筒銘があります。

第二章　日澄聖人の書状

一三〇六（徳治元年）から一三二一（元亨元年）までの書状とされます、日澄聖人が日像聖人に書き送ったもので、泉谷右衛門大夫が五月四日に、亡くなったこと等を知らせています。

第三章　日澄・日善・日行（九老僧）の書状『大田区史寺院二胎内銅筒銘』

①日朗遺骨分与連判状

一三二〇（元応二年）三月二日　九老僧の内、八人が署名しています。

②一三二〇（元応二年）三月二日　日朗弟子本所遺跡継承連判状

一三二〇（元応二年）三月二日　九老僧の内、同じく、八人が署名しています。

第四章　日行聖人の墨書銘、修理銘

一二八八（正応元年）池上本門寺の日行聖人木造（墨書銘）は、木造高さ八五・八センチです。

一四〇二（応永九年）五月十五日　修理銘「南無妙法蓮華経　日行」とあります。

第五章　浜名日善本尊　『身延山久遠寺史』

一三三六（建武三年）二月七日　本四世日善の本尊があると書かれています。

第六章　駿河国本門寺日代申状写

一三四〇（暦応三年）日善・日代・日助連名による「法華正法」の訴えをしています。（静二六四）

第十四部　浜名氏の六人の女性

ここで、浜名氏六人の女性たちについて、まとめておきたいと思います。

第一章　浜名王（敏達天皇の後裔）

敏達天皇の孫、百済王の孫で、舒明天皇の姪になります。父親を早くに亡くしたようで、伯父の秋篠王に、世話になっています。丘基真人（岡本）を賜っております。

第二章　鎌倉・建長寺妙喜禅尼（浜名殿）

『鎌倉志料第一巻』に、

一二七八（弘安元年）七月二十四日　妙喜禅尼　浜名殿　就干拈華堂諷経とあります。

第三章　橘邦良室（関東浜名右馬允資家法師女）

一二八八（弘安十一年）　浜名右馬允資家法師女

右近将監橘以益の母でもあります。敏達天皇（橘氏）の後裔で、一族は、正四位の位についています。

第四章　三浦和田茂実室浜名尼

一二九六（永仁四年）十一月二十二日　和田茂連譲状案

この書状から、判明することは、三浦和田氏の浜名尼の住居が、鎌倉・極楽寺坂の下の方に、あったこと、このころから、三浦和田氏一族内で、領地の相続をめぐって紛争が、発生したことでしょう。背景には、高井氏から三浦和田氏を称することにより、一族がそれぞれの道を、歩き始めた結果と考えられます。

この書状の和田茂連は、三浦和田茂実の弟で、兄の三浦和田茂実の跡をついで、三浦和田氏一族をひき継いでおります。

浜名尼から、すれば、和田茂連は、甥っ子ということになります。

また、一三三五（建武二年）十月二十日、三浦和田四郎著到状によれば、本名は、三浦和田四郎兵衛尉茂実で、

十月八日　御方違　二階堂乃東乃らうを警固仕華

十月十五日　御所乃御わたましに、南惣門の警固仕華

とあり、侍所で任務についていています。

第一節　三浦和田氏の屋地

三浦和田氏の屋地（屋敷）は、鎌倉・極楽寺坂にありました。

第二節　三浦和田氏の後背地

三浦和田氏の後背地は、鎌倉・津村にあり、屋地とあいまって、鎌倉の守備に、当っていたと考

えられます。

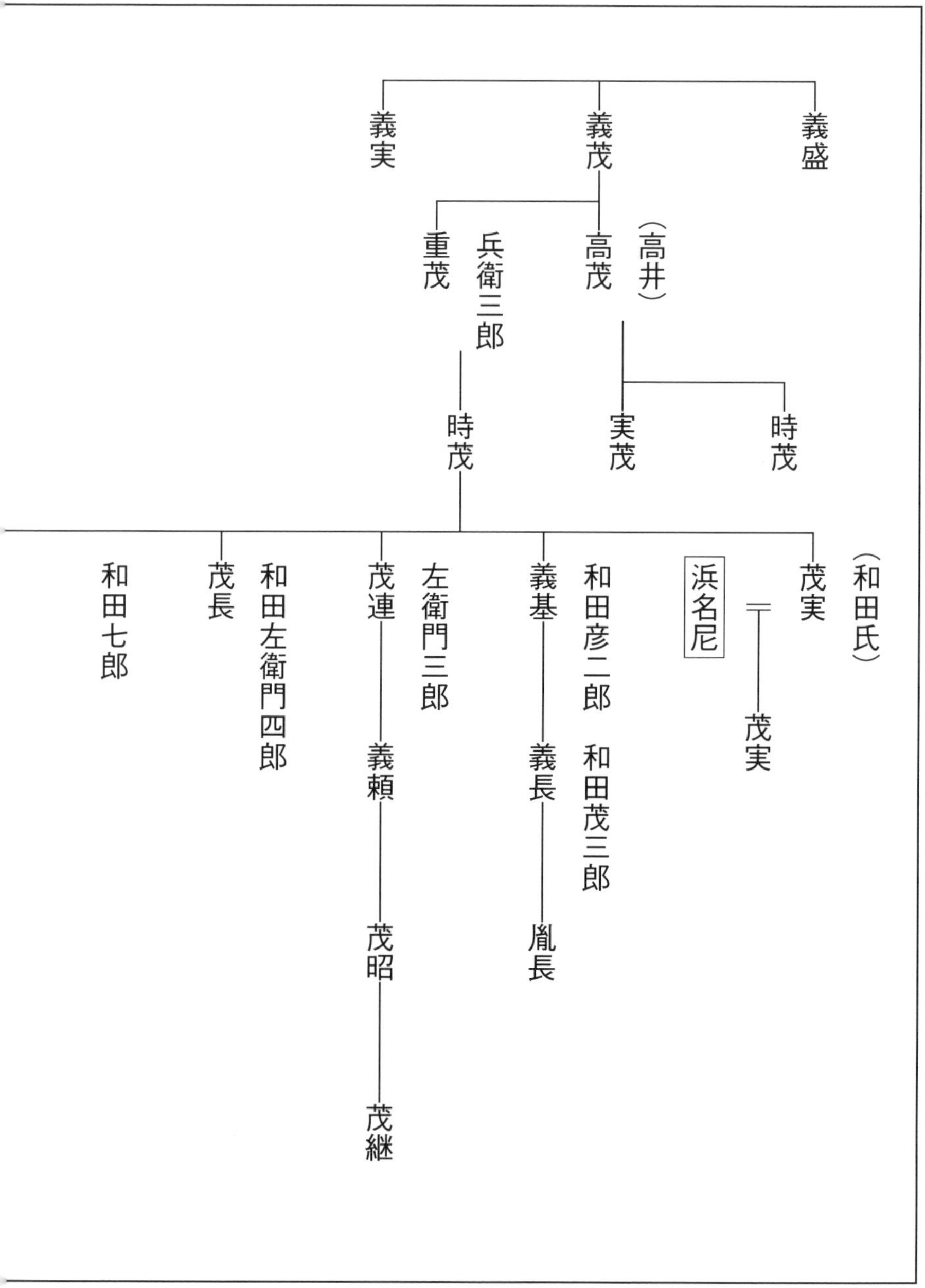
義盛
義茂
義実
（高井）
高茂
兵衛三郎
重茂
時茂
実茂
時茂
（和田氏）
茂実
浜名尼
茂実
和田彦二郎
和田茂三郎
義基
義長
胤長
左衛門三郎
茂連
義頼
茂昭
茂継
和田左衛門四郎
茂長
和田七郎

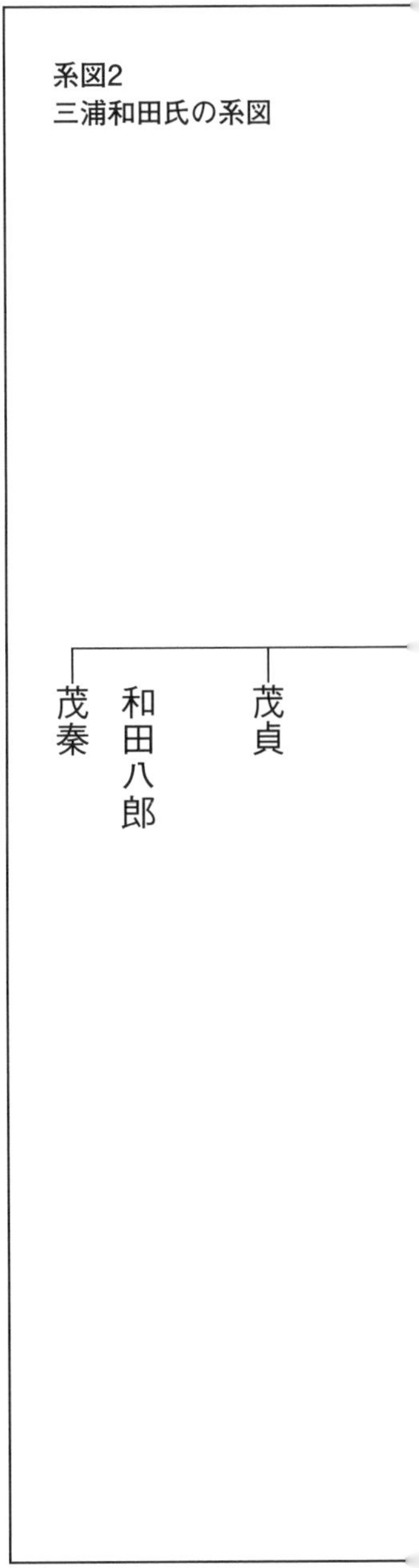

第五章　第十七代佐竹藩主佐竹義篤室浜名氏女

一三六二（康安二年）正月七日　佐竹義篤『所領譲状』に、京御方（佐竹義篤室、小場義躬母分）「那珂西中泉村（常北町）ただし、一期分、没後は、義躬の知行」とあります。

佐竹義篤は、佐竹氏第十七代藩主です。

第六章　御嶽山神社神主浜名右京亮重頼家中女

一五一一（永正八年）十一月　御嶽山神社修復棟札銘

（表面）修復大檀那弾正忠平氏宗法名常元院（以下略）

（裏面）浜名神主左京亮重頼家中女（以下略）

（表面）の大檀那弾正忠平氏宗は、三田氏の一族で、三田氏は、御嶽山神社草創以来の大檀那です。

『武州御嶽山史』によります。

第十五部　妙本寺過去帳の記載

『妙本寺大堂常什回向帳』（妙本寺過去帳）妙本寺過去帳に、次の三名（浜名日善・浜名日澄・日行）の記載が、あります。

第一章　浜名日善

第一節　浜名日善の記載

一三三二（元弘二年）九月二十二日　九老僧　身延山四世　日善聖人

大進阿闍梨（大法阿闍梨）

浜名氏一族の出身です。

第二節　浜名日善の活躍

蓮昌寺三世　浜名日善　身延久遠寺四世　浜名氏一族の出身です。

一三四〇（暦応三年）八月　日代申状写
駿河国本門寺の僧、日善・日代・日助によって、法華正法の申請がなされています。

第二章　浜名日澄

一三八二（康暦四年）九月十日　当山本性坊開　池上大坊開
九老僧　浜名氏一族の出身です。

第三章　日行聖人

一三三五（建武二年）三月八日　小田原・蓮昌寺開山　当山妙音坊開山　九老僧
ここで、注目されるのは、日行聖人が、小田原・蓮昌寺開山とあり、蓮昌寺と深い法縁があると言うことです。日行聖人は、浜名氏一族では、ありません。

第四章　九老僧（日蓮宗朗門派）の存在

九老僧（日蓮宗朗門派）の実在
一三二〇（元応二年）三月二日　日朗の遺骨を、京都の日像に、御分骨を決めた連判状が、京都の妙顕寺に、現存します。『大田区史寺社二』そこに、大法阿闍梨日善・本乘坊日澄・妙音坊日行の三名の名前があります。日善・日澄・日行の存在が、確認されます。浜名姓は、ともかくとして、三名は、日蓮宗朗門派の九老僧と呼ばれる人たちで、極めて位の高い僧侶で、実在した人物であることを強調しておきます。

第五章　小田原出身の聖人

①浜名日澄　小田原（蓮正寺村）の人
②浜名日善　小田原（蓮正寺村）の人
③日行聖人　小田原（風祭村）の人

第六章　浜名氏一族

『本化別頭仏祖統紀』を基本に、書き記します。創立時には、蓮昌寺ではなく、蓮正寺であったと考えられます。

第一節　浜名日澄

俗性「浜名豊後守時成」、小田原の浜名氏の跡地に、蓮昌寺を建立し、祖父蓮昌・祖母妙珍を忍び、祖父蓮昌を寺名（蓮昌寺）に、祖母妙珍を山号（妙珍山）に、したとしています。妙珍山蓮昌寺です。浜名氏の跡地の存在は、小田原に浜名氏の拠点があったことを伺わせています。

第二節　浜名日善

俗性「北条義澄嫡孫　浜名次郎光成の男」とあります。

第三節　日行聖人

また、『新編相模国風土記稿』相模国足柄下郡水野尾村（小田原市水野尾村）に、風祭大野亮光秀という領主がおり、日蓮宗に、深く帰依していたとあります。一二八二（弘安五年）我が子を宗祖日蓮の弟子にしています。後の、妙音阿闍梨日行です。

日行は、小田原・蓮昌寺の三世、鎌倉・妙本寺過去帳の記帳、同じ九老僧として日澄・日善と交流が深く、更には、三人とも、小田原という近所の出身ということから、浜名氏一族と間違われたと考えられます。

『本化別頭仏祖統紀』に載る日澄「浜名豊後守時成」・日善「浜名次郎光成の男」は、鎌倉時代の人物としては、確認されませんが、浜名氏一族の出身者と考えられます。

なお、「浜名豊後守時成」は、戦国時代の人物で、第六代玉縄城主北条氏勝の家臣浜名豊後守時成が、存在しています。浜名豊後守時成は、鎌倉・大巧寺の旦那で、境内に、古い墓塔があります。江戸時代の五輪塔より前、戦国時代の建立と認められます。

第十六部　北条氏勝の家臣浜名豊後守時成「妙法」

第一章　北条氏の家臣浜名豊後守時成

第一節　北条氏勝の家臣

浜名豊後守時成は、玉縄城主北条氏勝の家臣として、また、玉縄城主北条氏勝の奥方（妙俊）様と、一緒に、妙本寺に同道参詣をしております。

第二節　妙本寺への同行参詣

玉縄城主北条氏勝室「妙俊」との参詣の期間は、一五七四（天正二年）から、一五八九（永禄三年）までの十五年間、同道参詣は、十五回に、及んでおります。

第三節　大巧寺への寄進

鎌倉大巧寺に、三浦森崎郷の地を寄進しています。

第四節　妙本寺過去帳の記載

浜名氏一族の、妙本寺過去帳への記載は、男性六十二名（六十二回）・女性三十回（三十二回）で、合計すると九十二名（回）となります。他の家族の記載と比べても、突出していることが分かります。

第二章　『妙本寺過去帳』に見る「妙俊」と「妙法」

第一節　「妙俊」・「妙持」・「妙法」

『妙本寺過去帳』に載る「妙俊」は、松山城主上田朝直の二女で、第六代玉縄城主北氏勝に嫁ぎ、玉縄城主北条奥方様・左衛門大夫氏勝簾中と呼ばれた方の法名です。浜名「妙法」は、第六代玉縄城主北条氏勝の家臣浜名豊後守時成のことです。「妙持」は、北条氏勝の家臣布施康能の息女のことになります。北条氏勝奥方様「妙俊」のお局様で、熱心な日蓮宗（妙本寺）の信者です。北条氏勝奥方様「妙俊」・浜名豊後守時成「妙法布施「妙持」の三名は、熱心な信者で、北条氏勝の関係者であることが共通しています。

第二節　北条「妙俊」と浜名「妙法」の妙本寺同行参詣

北条氏勝奥方様「妙俊」と家臣浜名豊後守時成「妙法」の同行参詣は、

同行参詣のはじまり　　一五七四（天正二年）

同行参詣のおわり　　一五八九（永禄三年）です。

第三節　同行参詣の回数

北条「妙俊」・浜名「妙法」の同道参詣は、一五七四（天正二年）から一五八九（永禄三年）までの十五年間で、十五回になりますので、年一回の参詣は、決して多く、ないのですが、十五年間続いていることが、驚きです。

第十七部　二人の「浜名与一」

浜名豊後守時成の家系には、二人の浜名与一がいますが、一人は、第三代浜名持政の弟で、室町幕府奉公衆として活躍しています。二人目は、第六代玉縄城主北条氏勝家臣浜名豊後守時成の嫡男ですが、浜名豊後守時成の家系を継いでいません。

『花営三代記』の一四二五（応永三十二年）三月二日条に、将軍御供衆二番として、浜名与一とありますが、この室町幕府奉公衆浜名与一は、三代浜名兵庫助持政と一緒に、幕府の奉公衆を勤めていますので、浜名兵庫助持政の弟かと思われます。『浜名史論』では、浜名持政の兄弟かとしています。また、奉公衆浜名与一の五代あとの子孫に、第六代玉縄城主北条氏勝の家臣である浜名豊後守時成がいます。

第十八部　浜名豊後守時成の三人の子供たち

浜名豊後守時成の子は、三人いますが、いずれも、浜名与一・浜名与二・浜名与三を名乗っていたと思われます。二男の浜名与二（浜名兵庫助忠光）は、北条氏の重臣山中大炊助頼元の結婚に伴い、北条氏照の娘「貞心尼」の付け人として、相模国東郡下溝村（相模原市南区下溝）に随行しています。

第一章　浜名与一(浜名豊後守時成の嫡男)

法名「妙法」は、浜名豊後守時成の法名「妙法」を継いでいます。妻は、法名「法秀」です。文字通り、浜名豊後守時成の嫡男ですが、家督は、継いでいません。

第二章　浜名与二(浜名豊後守時成の二男)

浜名豊後守時成の二男、のち山中大炊助頼元家臣となります。また、北条氏照の息女「貞心尼」と山中大炊助頼元との結婚に伴い、相模国下溝村に同行します。

第三章　浜名与三(浜名豊後守時成の三男)

浜名与三は、浜名豊後守時成の三男ですが、「土佐守」として、浜名豊後守時成の家系を継ぎます。福田兵庫助忠光の父親の浜名豊後守時成は、一五八九（天正十七年）五月二十五日に亡くなっています。

第四章　浜名与二から浜名兵庫助忠光へ

この時点で、玉縄城主北条氏勝家臣から山中大炊助頼元家臣になっています。さらに、浜名与二から浜名兵庫助忠光に、名前を代えたと思われます。

浜名与二が、浜名与二から浜名兵庫助忠光に、名前を変更し、官途名「兵庫助」を北条氏照から授かったことは、十分に考えられます。

第五章　浜名兵庫助忠光から福田兵庫助忠光へ

浜名与二（浜名兵庫助忠光）は、一五九一（天正十九年）正月三日に、福田三郎家に参るとされています。福田兵庫助忠光の誕生です。「貞心尼」の居住した下溝（相模原市南区下溝）の天神社には、一五八八（天正十六年）八月二十六日の「貞心尼」の墓碑銘があります。『新編相模国風土記稿』によります。現在は、風化して字が読めない状況になっています。

第十九部　浜名豊後守時成の祖先

第一章　室町幕府奉公衆の浜名与一

浜名豊後守時成の祖先（浜名与一、浜名持政の弟、幕府奉公衆）浜名与一は、第三代浜名持政の弟で、浜名豊後守時成の祖先となります。『花営三代記』の一四二五（応永三十二年）三月二日条に、将軍御供衆二番として、浜名与一とあります。この室町幕府奉公衆浜名与一は、三代浜名兵庫助持政と一緒に奉公衆を勤めていますので、浜名兵庫助持政の弟かと思われます。『浜名史論』では、浜名持政の兄弟かとしています。

第二章　浜名豊後守時成の嫡男の浜名与一

奉公衆浜名与一の五代あとの子孫に、第六代玉縄城主北条氏勝の家臣である浜名豊後守時成がいますが、その嫡男に浜名与一がいます。

第二十部　浜名豊後守時成の家系

浜名豊後守時成の法名は、妙本寺過去帳に「妙法」とあります。同じく祖父に、浜名チクゴ守

「妙観」がおり、浜名佐土守「妙観」は、父親と思われます。父の弟（浜名時成にとっては、伯父となります）「蓮真」、蓮真の妻に、「法秀」がいます。

一五六一（永禄四年）閏三月二十三日に、父親浜名佐渡守「妙観」が、亡くなります。

一五六六（永禄九年）四月三日に、伯母「法秀」が、亡くなっています。ここでの記載のとおり、浜名蓮真の妻「法秀」は、浜名豊後守時成「妙法」より二十三年前に亡くなっています。伯父浜名蓮真も永禄年間に、亡くなったと考えられます。よって、伯父浜名蓮真を、浜名豊後守時成の子供とする訳にはいかないでしょう。また、浜名豊後守時成の妻を、「法秀」にするとか、浜名豊後守時成の母親を「法秀」とすることも誤りと考えられます。浜名豊後守時成の妻は、「妙善」です。

一五八九（天正十七年）五月二十五日に、浜名豊後守時成「妙法」が、没しております。

ここで、浜名氏系図を掲げれば、次の通りになります。

幕府奉公衆		佐土守	チクゴ守	佐土守	豊後守	佐渡守
浜名与一	□□	□□	□□	□□	時成	与三
浜名持政弟		祐観	妙観	妙観	妙法	祐観

第二十一部　「妙本寺過去帳」に見る浜名氏

第一章　妙本寺過去帳の男性

『妙本寺過去帳』に載る鎌倉・小田原の浜名氏は、六十二件です。その内訳は、浜名氏の三代浜名佐土守祐観一件、四代浜名チク後守妙観二件、五代浜名佐土守妙観十九件、六代浜名豊後守妙法二十三件、七代浜名佐渡守祐観一件、浜名豊後守妙法の伯父にあたる浜名蓮真十九件がおります。まとめますと、

①三代浜名佐土守祐観
②四代浜名チク後守妙観　同内室妙経
③五代浜名佐土守妙観　同内妙経
一五六一（永禄四年）閏三月二十三日　佐土守妙観死亡
④六代浜名豊後守妙法
浜名新右衛門妙観　同内方妙経
一五八九（天正十七年）五月二十五日　浜名豊後守妙法死亡
⑤七代浜名佐渡守祐観となります。

「祐観」は、「妙観」とは異なりますので、注意を要します。

第二章　『妙本寺過去帳』の女性

『妙本寺過去帳』に載る浜名氏の女性は、三十件です。その内訳は、浜名蓮真の妻「法秀」十六件、浜名妙経（妙観の内室）七件、浜名妙経（妙観の内方）四件で、他に一件が、浜名妙経・浜名妙経（チク後守内室）・浜名妙経（佐土守内室）となります。

男性・女性を合わせて、九十二件になります。

第三章　『新編相模国風土記稿』の浜名「連真」

『新編相模風土記稿』「巻之二十四・巻之八八」に、「浜名妙法及び其子蓮真其母儀妙節」とありますが、其子蓮真は、年代的にみて、浜名豊後守時成「妙法」の叔父と思われます、また、「浜名妙法其母儀妙節」としていますが、浜名豊後守「妙法」の母親は、浜名「妙経」ですので、誤りとしていいでしょう。

第四章　『妙本寺過去帳』の記載

妙本寺過去帳の二十一日上段に、「浜名豊後守妙法　同母儀法秀」としているのですが、浜名豊後守「妙法」の両親は、父親が、浜名佐土守妙観で、母親は、浜名妙経と考えられます。よって、同母儀妙節は、検討の余地があります。

第五章　浜名妙観と浜名「蓮真」

七日中段上ハマナチク後守妙観　　七日中段下ハマナ連真同内方法秀
九日中段中浜名佐土守妙観　　九日中段下ハマナ連真上同内室法秀
三十日中段上ハマナ妙観　　三十日下段浜名蓮真

浜名妙観は、中段上の記載が多く、浜名蓮真は、中段・下段の記載を主としています。

浜名蓮真の参詣回数が十九回と、浜名豊後守妙法の二十三回についでいますが、浜名氏一族の中での、地位は、低かったようです。あるいは、妻「法秀」の婿の可能性があります。妻「法秀」は、妙本寺過去帳に、一五六五（永禄八年）正月二十一日　法秀は、死亡したとされています。

ここで、浜名豊後守時成の家族について、まとめておきます。

第六章　浜名豊後守時成の祖父・父親

浜名豊後守時成の法名は、妙本寺過去帳に「妙法」とあります。同じく祖父に、浜名チク後守「妙観」がおります。父親は、浜名佐渡守「妙観」と考えられます。

第七章　浜名豊後守時成の祖母・母親・妻

祖母「法秀」同じく母親に、「法秀」がおり、妻に「妙善」がおります。

第八章　浜名豊後守時成の子供

子供は、三人います。「浜名与一、浜名与二（浜名兵庫助忠光）、浜名与三（浜名佐渡守）」の兄弟です。

第九章　浜名豊後守時成の伯父・伯母

伯父に、浜名「連真」、伯母に浜名「秀法」がいます。浜名「連真」を『新編相模国風土記稿』は、浜名豊後守時成の子としていますが、年代的にみて、伯父と考えられます。

第二十二部　浜名豊後守時成の年譜

一五二九（享禄二年）　この頃、浜名豊後守時成誕生

一五四六（天文十五年）　浜名兵庫助忠光誕生
一五六〇（永禄三年）　上田朝直息女「妙俊」誕生
一五六一（永禄四年）閏三月二十三日　父親浜名佐渡守妙観が、亡くなります。
一五六五（永禄八年）一月二十一日　伯母（連真の妻）「法秀」が亡くなっています。
一五七五（天正三年）二月十七日　浜名「妙法」の寄進
相模国三浦森崎郷の地を永久買得し、鎌倉・大巧寺に寄進する
一五七七（天正五年）　北条「妙俊」と浜名「妙法」の妙本寺同道参詣始まる
北条氏勝室北条「妙俊」と浜名「妙法」の同道参詣の最初となります。以後十五年間、浜名豊後守時成「妙法」の亡くなる一五八九（天正十七年）まで続くことになります。
一五七七（天正五年）　浜名与二の改名
浜名豊後守時成の二男浜名与二、浜名兵庫助忠光に改名
一五七八（天正六年）　上田妙俊、第六代玉縄城主北条氏勝と結婚
上田妙俊（松山城主上田朝直の二女）時に、十五歳
一五八九（天正十七年）五月二十五日　浜名豊後守時成亡くなる
一五九〇（天正十八年）五月七日　小田原城落城
一五九四（文禄三年）十月二十七日　吉良「妙俊」亡くなる

この時、妙本寺過去帳は、「北条「妙俊」（上田朝直二女）世田谷御前亡くなる三十四歳」として

いますが、世田谷御前とあるように、吉良「妙俊」であったと考えられます。

第二十三部　北条氏照の年譜

①伊勢宗瑞—②北条氏綱—③北条氏康—④北条氏照—⑤北条貞心尼

北条氏照（北条氏康三男）関係年譜

一五四〇（天文九年）　北条氏照誕生

一五五五（弘治元年）　北条氏照十五歳　元服

一五五五（弘治元年）十一月　北条氏照十六歳古河公方足利義氏の元服式に参加

一五五七（天文二十三年）北条氏照十八歳　大石綱周息女お比佐と結婚

一五五八（永禄元年）　この頃、北条「貞心尼」、誕生する

一五六六（永禄九年）　北条氏照二十六歳　大石姓から北条姓に復帰

一五八一（天正九年）四月　北条方の津久井衆・滝山衆甲斐国内に侵攻　『新八王子市史資料編二』

一五八七（天正十五年）六月二日　　朝倉政元証文写　文中山中大炊助（頼元）宛伝筆寺（戦北三一一〇）
一五九〇（天正十八年）七月　　小田原城落城
一五九〇（天正十八年）七月十一日　　北条氏照五十一歳　小田原にて切腹

第二十四部　浜名氏と北条「貞心尼」

浜名豊後守時成の二男（浜名与二）が、山中大炊助頼元の家臣となり、北条「貞心尼」の付け人となり、名前も、浜名兵庫助忠光と改めて、相模国の下溝（相模原市南区）に下向します。北条宗家の付け人に、選ばれるには、それなりの優秀な人材であったと考えられます。また、北条氏照の領地が、下溝村（当時は、溝村でしょう）にあったこと、さらには、父親の浜名豊後守時成の屋敷が、小田原・筋違橋町にあり、北条氏照の奥州屋敷も、筋違橋町にありました。距離的にも、近かったことなどが、関係したと考えられます。

第一章　北条氏照

北条氏照は、北条氏康の三男で、一五五七（天文二十三年）北条氏照十八歳の時、大石綱周息女「比佐」と結婚しています。一五五八（永禄元年）この頃、北条「貞心尼」が、誕生しています。八王子城主として、武蔵での、活躍が目立ちます。

第二章　北条氏照の息女「貞心尼」

北条「貞心尼」は、北条氏照の息女で、母は大石氏の息女「比佐」、一説には、「豊」と言われています。他に、北条氏照の子供は、他に、見当たらないので、直系は、「貞心尼」で絶えたと思われます。

『古今免状集巻之二』に、「天正六年」貞心尼より当村（下溝村）御住居」とあります。一五七八（天正六年）浜名兵庫助忠光は、山中大炊助頼元に随行し、下溝村に、着村しています。

第三章　山中大炊助頼元(北条氏照婿)

山中大炊助頼元の一族は、伊勢の出身で、早くから、伊勢宗瑞に、従っている名家で、大きく二流に分かれています。山中大炊助頼元は、文武両道に優れた家系のようです。

北条「貞心尼」との結婚後、間もなくして、小田原城に、呼び戻され、最後は、小田原城で、亡くなっているようです。家系については、第三十四部　山中大炊助頼元（北条氏照の婿）で、記しています。

第二十五部　北条「貞心尼」（北条氏照息女）の年譜

一五五八（永禄元年）　この頃、北条「貞心尼」誕生
一五七八（天正六年）　北条「貞心尼」、山中大炊助頼元と結婚　二十歳
一五七八（天正六年）　北条「貞心尼、相模国下溝村に入村　二十歳
一五八八（天正十六年）八月二十六日　北条「貞心尼」亡くなる　三十歳
一五九〇（天正十八年）六月二十三日　北条氏照妻（大石綱周娘）比佐亡くなる
一五九〇（天正十八年）七月十一日　北条氏照五十一歳　小田原にて切腹

第二十六部　山中大炊助頼元（北条氏照の婿）の家系

第一章　山中氏の家系

①山中　彦次郎
　│
②山中氏頼　近江守　内匠助　法名理栄　相州の人
　│
③山中頼次　内匠助　相州の人
　│
④山中頼元　大炊助　法名栄周
　│
⑤山中直元　源太郎　法名道無

第二章　山中大炊助頼元の一族

初代山中彦次郎は、伊勢の人で、伊勢宗瑞と共に、駿河今川氏に仕えています。一五五九（永禄二年）『小田原衆所領役帳』には、「津久井衆」に区分され、

百四十貫文　　伊豆小野
五十貫文　　伊豆佐野
五十五貫文　　鶴喰
以上　二百四十貫文とあります。

山中大炊助頼元が、亡くなったのは、一五九〇（天正十八年）十一月十六日で、早死にしておりませんので、注意が必要です。なお、永林寺過去帳によれば、北条「貞心尼」は、一五八八（天正十六年）八月二十六日に、三十歳くらいで、亡くなっています。「永林寺過去帳」によります。北条氏照には、他に子供がおりませんので、直系は、氏照の代で終えたと思われます。また、北条氏照は、一五三六（天文十一年）ころに、出生したと認められます。『北条氏康の子供たち』の「北条氏規」石渡洋平氏によります。すると、「貞心尼」が亡くなったとき、北条氏照は五十一歳となります。これから、考えると、北条「貞心尼」は、三十歳位で亡くなったことになります。山中大炊助頼元は、一五九〇（天正十八年）十一月十六日に亡くなり、『貞心尼』は、一五八八（天正十六年）八月二十六日に亡くなっています。

第二十七部　山中大炊助頼元の年譜

一五三〇（享録三年）　この頃　山中頼元誕生か

一五四〇（天文九年）十月二十日　山中大炊助、鶴岡八幡宮に、神馬・太刀を寄進する　『快元僧都記』

一五五九（永禄二年）二月　「相模国上溝・下溝中山大炊助」（山中頼元）所領

一五七八（天正六年）　北条氏照息女貞尼と結婚する　山中頼元四十八歳「貞心尼」二十歳

一五八二（天正十年）ころの「佐野家藏文書」の北条氏一手書に、「山中（頼元）小田原（城）大炊助」とあります。山中大炊助頼元は、「相模国下溝」から小田原城に移っています。

一五八四（天正十二年）十月十一日　北条氏直書状写の文中に、其地為番替、山中大炊助（頼元）指越候ともあります。『戦国遺文北条氏編第四巻』

一五九〇（天正十八年）十一月十六日　山中頼元六十歳で亡くなる

第二十八部　浜名兵庫助忠光（浜名与二）

第一章　北条「貞心尼」と浜名兵庫助忠光

北条「貞心尼」は、北条氏照の息女として、一五五八（永禄元年）に誕生し、一五七八（天正六年）北条氏の重臣山中大炊助頼元と結婚していることは、すでに述べました。「貞心尼」は、小田原で誕生し、父北条氏照の所領地であった相模国下溝(相模原市南区下溝)に移ってきました。その時、山中頼元に、随行してきたのが、浜名兵庫助忠光でありました。この時から、浜名忠光は、山中頼元の家臣となって、「貞心尼」に仕えます。

一五八八（天正十六年）八月二十六日に、「貞心尼」が亡くなりますが、浜名忠光は、「貞心尼」の慰霊を守り続けます。一五九〇（天正十八年）豊臣秀吉の小田原攻めに、浜名忠光は、山中頼元と一緒に、小田原城に籠城し、その後、相模国下溝に帰り、福田家に婿入りしますが、ご位牌を作り、お墓の管理等をします。

第二章　浜名兵庫助忠光（浜名与二）の下溝下向

慶長年間（一五九六～一六一三）に、福田兵庫助忠光は、亡くなったようです。

ここで、補足しますと、一五七八（天正六年）北条氏照息女貞心尼は、北条氏重臣山中大炊助頼元と結婚し、相模国下溝（相模原市南区下溝）に下向します。同行者として、浜名兵庫助忠光が随行しています。

『古今免状集巻之一』に、「天正六年　貞心尼より当村（下溝村）御住居」とあります。一五九〇（天正十八年）浜名兵庫助忠光は、山中大炊助頼元に随行し、小田原城に籠城します。『古今免状集巻之一』に、「一五八八（天正十六年）右貞心御逝之時庫当村被下住居候　所ニ同十八年小田原ニ籠城仕リ被帰当村ニ住居仕候」と記載があります。『古今免状集巻之一』福田兵庫助之当村住居之事』によります。『古今免状集』は、名主系図とも呼ばれ福田兵庫助忠光の五代子孫である「福田要助氏」が一七四四（延享元年）に編集したもので、公刊されておりません。

第二十九部　『古今免状集巻之一』に見る子孫

ここで、福田氏（浜名豊後守時成二男）の家系について、掲げておきます。

『古今免状集巻之一』（福田兵庫助之当村住居之事）に、

①福田兵庫助忠光―②福田助三郎忠利―③福田七左衛門忠衡④福田十良兵衛―⑤福田九兵衛雅衡―⑥福田要助

とあります。『古今免状集巻之一』については、福田弘夫氏から資料の提供を受けました感謝を申し上げます。

第三十部　浜名兵庫助忠光から福田兵庫助忠光へ

第六代玉縄城主北条氏勝の家臣浜名豊後守時成の二男浜名与二（浜名兵庫助忠光）は、一五九一（天正十九年）正月三日に、福田三郎家に参るとされています。福田兵庫助忠光の誕生です。『貞心尼』の居住した下溝（相模原市南区下溝）の天神社には、一五八八（天正十六年）八月二十六日の『貞心尼』の墓碑銘があります。現在は、風化して字が読みにくいような状況です。福田兵庫助忠光の父親浜名豊後守時成は、一五八九（天正十七年）五月二十五日に、亡くなっています。

第三十一部　福田兵庫助忠光の年譜

一五七八（天正六年）　浜名与二から浜名兵庫助忠光となる
一五七八（天正六年）　北条「貞心尼」、山中大炊助頼元と結婚　二十歳

一五七八（天正六年）　北条「貞心尼、相模国下溝村に入村、この前に、浜名兵庫助忠光は、下溝村に入村

一五八八（天正十六年）八月二十六日　北条「貞心尼」亡くなる

一五九〇（天正十八年）三月　山中大炊助頼元家臣浜名兵庫助忠光、小田原城籠城

一五九一（天正十九年）七月　浜名兵庫助忠光、相模国下溝村（相模原市南区下溝）に帰村

一五九二（天正二十年）正月　浜名兵庫助忠光、相模国下溝村の福田家に、婿入りし、浜名兵庫助忠光から福田兵庫助忠光になります。

なお、浜名兵庫助忠光の官途名「兵庫助」は、浜名氏の中では、三代浜名持政の兵庫助、五代浜名政明の兵庫助、浜名忠正（浜名政明の子）の兵庫助、浜名忠光（北条氏勝の家臣浜名豊後守時成の子）の兵庫助の四名となっています。

第三巻

上田氏・布施氏・浜名氏

第三十二部　妙本寺過去帳・蓮昌寺過去帳に見る大檀越

第一章　妙本寺過去帳の大檀越

妙本寺過去帳に、日蓮宗に貢献した三名の大檀越の記載があります。

第一節　松山城主上田氏

一五八二（天正十年）十月三日、

光賢院殿宗調　上田安独斉（上田朝直）

第二節　北条氏康家臣布施氏

一五八五（天正十三年）十二月三日、

布施佐渡守（康能）　調御院芳沢　七十八歳

第三節　北条氏勝家臣浜名氏

一五八九（天正十七年）五月二十五日、

浜名豊後守妙法（時成）

大巧寺　大旦那

上田氏・布施氏・浜名氏は、日蓮宗の大檀越として、日連宗の宗派の発展に、寄与しています。

第二章　蓮昌寺過去帳に見る大檀越

ここで、大檀越三名を、見ておきたいと思います。なお、小田原の『蓮昌寺過去帳』には、次の記載があります。

布施氏は、「妙本寺・蓮昭寺（平塚市寺田縄）・蓮昌寺」の大檀越
浜名氏は、「妙本寺・大巧寺・蓮昌寺」の大檀越
布施氏・浜名氏の功績をたたえています。
上田氏は、「本門寺・妙本寺・浄蓮寺・東光寺」の大檀越です。

第三十三部　玉縄城主北条氏勝家臣をめぐる人々（その一）
上田氏（松山城主）

①上田蓮忠―②上田蓮好―③上田朝直―④上田長則―⑤上田憲定

第一章　松山城主三代

初代松山城主の上田朝直、二代上田長則（上田朝直の子）、三代は、二代上田長則の弟、上田憲定となります。

第二章　上田朝直の一族

浄蓮寺過去帳に、上田朝直の父親・祖父とされる二人の記録があります。

第一節　上田蓮好（父親）

一五七〇（元亀二年）八月一日　　蓮好　感応院殿

第二節　上田蓮忠（祖父）

一五〇七（永正十五年）十一月二十六一日　　蓮忠　上田能登守

浄蓮寺には、上田氏の多宝塔もあります。

第三章　妙本寺過去帳の記載

①上田安独斉五件　②上田蓮好五件　③蓮好一件の記載があります。

上田朝直、はじめ、左近大夫のちに、宗調、案独斎とも署名しています。

一五一六（永正十三年）　　　　誕生
一五四八（天文十七年）十月五日　池上本門寺の三解脱門金剛神像を修造します。
一五五〇（天文十九年）三月十五日　上田朝直の母が死去　七十九歳
一五五〇（天文十九年）　　　　両山二世日現十界曼荼羅を寄進　上田左近大夫源朝直建立
　　　　　　　　　　　　　　「妙賢寺文書」（東松山市松本町）
一五七一（元亀二年）二月　　　板石塔婆　県指定文化財　高さ二メートル
「碑銘」施主上田能登守源朝臣入道案独斎　桑門宗調　生年七十八歳
一五八二（天正十三年）十月三日に、死去
父は、上田案独斎　母は、難波田善根の姉妹です。

第三十四部　上田朝直の子供たち

第一章　上田長則

一五三四（天文三年）十月三日　　誕生
一五八三（天正十一年）三月五日　死去

上田朝直の長男、松山城主、能登守　蔵人佐　上田能州　蓮調

第二章　上田憲定

一五四六（天文十五年）　誕生
一五九七（慶長二年）九月六日　死去
上田朝直の二男、松山城主　上野介　自芸斎　日上

第三章　上田妙俊

一五六〇（永禄三年）　「北条妙俊」誕生
一五七五（天正三年）　第六代玉縄城主北条氏勝と結婚
一五八八（天正十六年）　北条氏勝と離婚
一五八九（天正十七年）　吉良氏朝と再婚
一五九四（文禄三年）十月二十七日　北条「妙俊」死去　三十四歳

第四章　上田日能

『東光寺過去帳』に、「蓮覚院妙俊」北条左衛門大夫内安独斎息女日能妹とあります。

第五章　上田某女(三女)

上田一族の木子呂丹波守友則の妻となっています。

第三十五部　上田氏一族の根拠地

第一章　上田氏

大河原郷（秩父郡東秩父村）

戦国時代、上田氏一族は、大河原谷に、安戸城を築き、大河原地区一帯を領地としていたものと考えられ、大河原は、上田氏の拠点でありました。

第二章　木呂子一族

木呂子（比企郡小川町木呂子）

戦国時代、木呂子一族は、木呂子地区を領有しており、松山城主上田氏の家臣でありました。木呂子の地名は、木呂子氏によるとされています。木呂子一帯は、中世に、開発が行われています。

①木呂子元忠―②木呂子元久―③木呂子友則

木呂子氏三代は、いずれも、「新左衛門尉」・「丹波守」を、通字としています。

母は、上田能登守（上田朝直）娘で、室は、難波田因幡守の娘です。

『妙蓮寺過去帳』に、

一五五七（弘治三年）三月十五日「妙賢　木呂子」とあります。この木呂子氏は、木呂子元忠の一族と、考えられます。一五六〇（永禄三年）十二月二十七日　木呂子元忠は、大屋郷（東松山市大谷）を知行していたからです。木呂子氏は、埼玉県比企郡小川町の地名「木呂子」に関連すると言われています。

第三章　難波田氏

『妙蓮寺過去帳』に、

①一五三三（天文二年）　「善銀　四月二十日」

②一五三三（天文二年）　「善鉄　四月二十日」

とあります。善銀・善鉄は、同じ人で、よしかねと読みます。善銀・善鉄の本名は、難波田正直とされています。

難波田氏の出身地は、富士見市南畑です。『戦国人名辞典、吉川弘文館』

第三十六部　北条氏家臣の幸田氏・中条氏

第一章　幸田氏

幸田定治の一族、北条氏の奏者に幸田与三、同じく北条氏の家臣で御馬廻衆に、幸田右馬助・幸田源左衛門がいます。北条氏政の家臣に、幸田定治がおり、小田原城の奉行を勤めています。

幸田氏は、小田原市の上幸田・下幸田に居住していました。

第二章　中条氏

①中条定資―②中条藤助―③中条景泰

中条氏は、三浦和田氏の一族です。

第三十七部　上田氏と関連寺院

第一章　池上本門寺

本門寺仁王像の修造　上田左近大夫朝直

一五四八（天文十七年）十月五日

第二章　比企谷妙本寺

妙本寺過去帳に上田朝直以下一族の記載があります。

第三章　浄蓮寺（秩父郡東秩父村）

両山二世日朗聖人の開基と伝えられています。上田朝直の墓、上田氏一族の類題の墓地があります。それ以前は、大河原神治太郎光興法名浄蓮居士とあります。

第四章　東光寺（比企郡玉川村日影）

一五六六（永禄九年）の成立。立正院日正の開山、上田案独斎朝直が開基です。上田朝直・上田長則・上田憲定の松山城主上田三代の菩提所です。『埼玉県の地名』

第五章　妙賢寺（東松山市松本）

古檀那上田安独斉が、栖林院を建立開山と伝えています。その後、栖林院は、妙光寺となり、妙光寺は、更に、（大正十二年）妙賢寺と合併します。

上田朝直寄進の日現十界曼荼羅があります。

第六章　性蓮寺（富士見市水子）

はじめ、難波田城主難波田氏が、水子一帯を所領していましたが、上田周防守が、難波田城主となります。上田周防守の菩提寺です。

第七章　行伝寺（川越市末広町）

池上本門寺・比企妙本寺両山四世日山が、一三〇六（徳治元年）に創建、一三七五（永和元年）上田氏が中興開基し、上田氏の外護を得ます。その後、一六一九（元和五年）に、現在地に移転します。

第八章　上田氏（松山城主）の動向

第十一部第十章・第十一章では、『戦国遺文後北条氏編』を基本としております。

一五八四（天文十九年）十二月晦日　　上田宗調判物　大河原　発出案独斎（上田朝直）宗調（戦北三八七）

一五八四（天文十九年）　　目現筆十界曼荼羅　上田左近大夫　源朝直建立（戦北

一五八四（天正十二年）十月二十四日　上田憲定朱印状（戦北二七五一）
一五八四（天正十二年）十二月十三日　上田憲定朱印状写（戦北二七二六）
一五八六（天正十四年）二月一日　上田憲定制札写宛本郷新市場（戦北二七五二）
一五八七（天正十五年）十二月二十五日　上田憲定法度（戦北三二四一）
一五九〇（天正十八年）二月二十八日　上田憲定制札写　北条氏直（戦北三六六〇）
年未詳　小田原一手役之書立写　上田殿（長則）松山

三八七）

第九章　上田氏家臣の動向

第一節　木呂子氏

一五八二（天正十）五月十三日　上田長則判物写　大塚の郷（武蔵国比企郡）
宛　木呂子新左衛門殿（戦北二四二八）

第二節　板部岡氏

一五六三（永禄八年）八月五日　板部岡康雄証文　道林庵並田地等之儀　宛慶哲
発出者　右衛門尉康雄（板部岡）（戦北九二四）
一五七九（天正七年カ）九月十四日　北条家年寄連署書状写　北条・武田鉾楯

江雪斎（板部岡融成）・板部岡能登守　（戦北二一〇四）
一五八三（天正十一カ）十一月一日　北条家朱印状　米千石
発給者　江雪斎（板部岡融成）（戦北二五八六）
年不詳十二月五日　北条家朱印状写　祈とりかけ馬　一匹板部岡彦太郎
『戦国遺文後北条氏編第三巻』（三）幸田定治一族
一五七九（天正七年カ）十一月十三日　幸田定治副状　宛三島社神主　差出人幸大（戦北二一一三）
一五八七（天正十五年）二月二十一日　北条家掟書写　差出人　奉之江雪板部岡融成
宛名龍健寺　（戦北三〇八九）

第三十八部　上田氏一族の松山城籠城

第一章　上田氏一族の松山城籠城

一五九〇（天正十八年）三月　上田氏、松山城籠城作戦に入る

第二章　上田氏一族の松山城配置

一五九〇（天正十八年）三月の上田氏一族の松山城配置状況

御本陣　藩主上田朝広（憲定）

大将難波田因幡守景輝　副将木呂子丹波守友則

目付上田豊後守　同上田祐姫　同上田善次郎

北曲輪　難波田弾正忠重次・難波田五エ門友輝

第三十九部　玉縄城主北条氏勝家臣をめぐる人々（その二）布施氏

①布施康貞—②布施康純（康則）—③布施康能—④布施康朝

玉縄城主北条氏勝お局様布施「妙持」（布施康能息女）

玉縄城主北条氏勝家臣　布施氏（建物奉行カ）

第一章　布施氏の一族

第一節　布施兵庫大夫・布施美作守景尊の系統

一五六一（永禄四年カ）北条氏照が、小田原城から滝山城（八王子市）に、入城する際、北条氏照に同行した家臣を主体としています。

第二節　布施為基・定基の系統

一四六一（寛正二年）七月、布施為基は、堀越公方の使者として、小田原城に派遣されるなど、堀越公方の家臣とし活躍しています。

第三節　布施三河守康貞（相模）の系統

北条氏家臣の名簿とされる『小田原旧記』には、北条氏家臣となった時期によって、御由緒家、駿河衆四家、伊豆衆二十家、相模衆十四家、その他と分類しています。以上の四十六家は，御草創の功臣としています。布施氏は、相模家十四家に分類されており、北条氏家臣の名家といえるでしょう。

第四節　布施氏四代

布施氏四代ですが、初代布施三河守康貞・二代布施佐渡守康純（康則）・三代布施佐渡守康能・四代布施康朝と続きます。

第二章　布施氏の動向

はじめに、布施氏の一族を、年代順にたどると、次の通りになります。

①一二一九（承久元年）正月二十七日　布施左衛門尉康定『吾妻鏡』

②一三七二（応安五年）六月二十一日　右筆　布施弾正大夫入道『花営三代記』

③一三七四（応安七年）三月二十三日　奉行奉公衆　布施弾正大夫入道『花営三代記』

④一三八一（康暦三年）正月十一日　御評定始　孔子　布施民部丞『花営三代記』

⑤一四四二（嘉吉二年）十二月十五日　布施民部大輔貞基邸　連歌『康富記第一巻』

⑥一四七四（文明二年）正月十八日　雅康会正月　歌会に布施（貞基）出席『中世歌壇史の研究』

⑦一五〇二（文亀二年）　布施河内守康貞、伊勢宗瑞をたよる『相模国国府祭調査報告書』

⑧一五三三（天文二年）閏五月六日　下吉沢村松岩寺の開山

布施某（布施三河守康貞）、鎌倉鶴岡八幡宮建立の土を運び、人足などを提供する。『快元僧都記』

⑨一五四三（天文二十三年カ）十一月十八日　北条氏康書状　渡海　あて名布施兵庫大夫

布施兵庫大夫貞基は、布施為基の子孫になります。（戦北四七三）

⑩一五四四（天文十三年）十二月二十三日　布施三河守康貞『快元僧都記』
⑪一五五八（永禄元年）三月十二日　北条氏康書状　宛名正木兵部太（大）輔　浦賀には、左衛門大夫父子・遠山康光・布施康能・笠原佐渡守等が、詰める
⑫一五五九（永禄二年）十一月十日　北条氏照朱印状　小宮之内宮本祢宜布施兵庫大夫布施康純（康則）北条氏照奉行人（戦北五九三）
⑬一五六一（永禄四年）三月六日　布施兵庫大夫（布施佐渡守康鈍・康則）北条氏照奉行人　宛布施佐渡守康純（康則）
⑭一五六四（永禄七年）四月七日夜半から八日早朝にかけて行われた、第二次国府台合戦（千葉県市川市国府台）で、布施康貞の嫡男布施康純（康則）は、槍によって、負傷します。
⑮一五六八（永禄十一年）下総栗橋城　宿老布施景尊　北条氏照家臣
⑯一五六九（永禄十二年）七月十九日　北条家朱印状　駿河国蒲原在城寄子二十騎預置く　宛布施佐渡守（康能）（戦北一二一四）
⑰一五七一（元亀二年）八月二十五日に、初代布施康貞は、小田原で没しています。
⑱一五七五（天正三年）三月七日　北条朱印状写　経師谷尊養院屋敷分四貫百二文奏者垪和刑部丞　あて名布施佐渡守（康能）『平塚市史一古代中世』
⑲一五七五（天正三年）十二月十日　妙本寺文書に、布施康能・布施康朝連署書出　経住院　大

破之所布施佐渡守康能同弾正左衛門尉康朝『平塚市史一古代中世』

⑳一五八一（天正九年）三月二十一日　北条氏掟書　八幡之森　布施弾正左衛門尉（康朝）（戦北二二二四）

㉑一五八六（天正十三年）十二月三日　二代布施康純（康則）が亡くなる。『新編相模国風土記稿』

㉒一五九〇（天正十八年）四月三日　玉縄ノ母布施氏奥方浄徳院妙元が亡くなる。『妙本寺過去帳』

等が認められます。なお、北条氏照朱印状の奉人に、布施兵庫大夫・布施景尊がいます。

第三章　二代布施康純（康則）の負傷

一五六四（永禄七年）四月七日夜半から八日早朝にかけて行われた、第二次国府台合戦（千葉県市川市国府台）で、布施康貞の嫡男布施康純（康則）は、槍によって、負傷します。重症のため、間もなくして、家督を弟の布施康能に譲ったようです。北条氏康から「佐渡守」を、名乗ることを許されます。「佐渡守」は、兄布施康純（康則）、弟布施康能の二代だけの、名乗りとなります。『新編相模国風土記稿』には、一五七五（天正三年）三月に、二代布施康純（康則）が、四代布施康朝の抱えになったとしています。また、一五七五（天正三年）三月七日付けの北条朱印状写のあて名に、布施佐渡守（康能）とあります。この頃までに、二代布施康純（康則）が家督を、三代布施康能に譲ったと思われます。

ここで、問題があります。三代布施康能は、一五八五（天正十三年）十二月十三日に亡くなり、二代布施康鈍（康則）は、一五八六（天正十四年）十二月三日に亡くなっていることです。家督の順序は、変わりませんが、年次には、注意がいるようです。改めて、布施氏四代を整理しますと、初代布施康貞、二代布施康純（康則）、三代布施康能（布施康純の弟）、四代布施康朝（布施康能の子）となります。

なお、初代布施康貞は、一五七一（元亀二年）八月二十五日に、小田原で没しています。

第四章　布施佐渡守康能

布施康能は、『妙本寺過去帳』に載る「玉縄城主北条氏勝のお局様　妙持」の父親です。

一五六八（永禄十一年カ）十二月十八日の北条氏政書状写に、遠江国の備えは、大藤式部丞・水康秀に任せる旨の書状があります。文中に布施佐渡守（康能）、あて名に布施佐渡守（康能）とあります。（静三五二二）

『妙本寺過去帳』には、

一五八五（天正十三年）十二月十三日　布施康能

調御院芳沢　七十八歳

一五八七（天正十五年）四月三日　　布施氏奥方

浄御院妙源

と記載があります。『妙本寺過去帳』に載る布施康能は、「佐渡守」を、名乗っていますが、「佐渡守」を名乗ったのは、布施康純（康則）・布施康能の二人だけのようです。布施康能は、相模国寺田縄日蓮宗蓮照寺の中興の祖とされており、お墓は、蓮昭寺にあります。『平塚市史』にも、布施康能のお墓は、蓮昭寺にあると書かれています。

『新編相模国風土記稿』に、布施康純（康則）の父布施三河守康貞は、一五〇二（文亀二年）に、山城国から移住してきたとあります。布施氏は、歴代室町幕府の奏者を務めた家系のようです。父布施三河守康貞は、下吉沢村の日蓮宗松岩寺の開基で、一五七一（元亀二年）八月二十五日に、小田原で亡くなっており、お墓は、松岩寺にあります。

第五章　蓮昌寺過去帳に見る布施氏

ここで、三代布施佐渡守康能について、再度触れて置きたいと思います。先に玉縄城主北条氏勝家臣　布施氏（建物奉行カ）と述べましたが、布施佐渡守康能は、『蓮昌寺過去帳』に、相州中郡布施佐渡守は、「大勲功の主で、比企谷常住院（鎌倉市妙本寺）・寺田縄蓮昭寺（平塚市寺田縄）・蓮昌寺（小田原市本町）の三カ寺建立の大檀家である」としています。三カ寺の建物が破壊するたびに修繕・立て直し等を行なったと記しています。このことは、三カ寺以外の建物の修繕・立て直しをも行なう建物奉行の可能性があります。そして、布施佐渡守康能は、寺田縄の日蓮宗蓮昭寺の中興の祖とされています。蓮昭寺の本堂・庫裏等の建立、あるいは、蓮昌寺（小田原市本町）の、小田原市蓮正寺村から小田原市本町への移転に、関連があるかも知れません。

第六章　布施氏・浜名氏の連歌

浜名氏・布施氏の両氏は、室町期から戦国期にかけて、和歌・連歌で親交があったようです。浜名氏・布施氏の両氏は、武家歌壇の双璧と言ってもいいでしょう。第二部第八章と重なりますが、浜名備中守満政の立場から、年代順に述べてみます。

①一三六七（貞治六年）三月二十三日、新玉津社歌会に、出席者　沙弥仍海（浜名加賀守入道）と布施民部大輔貞連が出席しています。　『群書類聚第十三輯』

②一三八五（至徳二年）十一月二十六日　浜名政信寄進状に、国薗田御厨内東村上村を円覚寺大義庵に寄進したとあります。この時の幕府奉行人は、布施家連でした。

③一四四二（嘉吉二年）九月二十四日、二十五日の北野社歌会（三百韻連歌）に、布施民部大輔貞浜名氏四代浜名備中守満政と布施民部大輔貞基の連歌の会で同席　（神四九六六）

基が願主で、参加しています。また、参加者は、浜名備中守満政・中原康富ほか、となっていいま

す。願主の布施民部大輔（布施民部大輔貞基）は、当日、

浪そむる葉や紅の紙屋川

と詠んでいます。『康富記第一巻』

この連歌の会は、浜名備中守満政と布施民部大輔貞基が同席するという、非常に貴重な場面となっています。布施民部大輔貞基は、武家歌壇の代表者の一人とされています。

④一四四三（嘉吉三年）六月十八日　飯尾美濃守貞元第連歌会

出席者　浜名備中入道（浜名満政）

布施貞元

むすふは玉か夏草のつゆ　　貞元

布施民部大夫　『康富記第一巻』

浜名備中入道（浜名満政）と布施民部大輔（布施貞基）

⑤一四四四（文安元年）三月十二日　御所中飯尾肥前、又息新左衛門、布施民部大夫等が出席しています。

出席者　布施貞元『康富記第二巻』

⑥一四四四（文安元年）三月十八日　御所中

出席者　浜名備中入道（浜名満政）『康富記第二巻』

第四十部　玉縄城主北条氏勝をめぐる人々（その三）浜名氏

浜名豊後守時成と番神堂・「浜名稲荷社」の関係は、すでに、第二巻第十一部第八章第一節及び第二節、二巻第十一部第九章第一節及び第二節で述べましたが、浜名豊後守時成の拠点を、確認するものとして、重要ですので、ここに、まとめておきます。

第一章　浜名氏の「番神堂」と「浜名稲荷社」

第一節　鎌倉・大巧寺の「番神堂」

『新編相模国風土記稿』に、鎌倉・大巧寺、「番神堂」あり、浜名豊後守時成の建立と云う」と記載されています。

第二節　小田原・蓮昌寺の「番神妙正合社」

小田原・蓮昌寺にあった「浜名公屋敷神」すなわち「浜名稲荷社」を、蓮昌寺過去帳は、伝えています。さらに、浜名豊後守時成を、北条氏の家臣（玉縄城主北条氏勝家臣）であることも示唆しています。

第二章　小田原・蓮正寺村の「稲荷社」

大巧寺小田原・蓮正寺村の「稲荷社」の存在は、地名「蓮正寺」と相まって重要です。なぜなら、蓮昌寺の小田原筋違橋町への、移転に際し、「稲荷社」は、現地に残されたと考えられるからです。ここ蓮正寺村に、浜名氏の館跡があり、浜名日澄は、だからここ、蓮正寺村に、蓮正寺を建立したとする伝承が残ったと考えられます。事実、浜名豊後守時成は、拠点としていたと考えられます。

第四十一部　妙本寺大堂常什回向帳（妙本寺過去帳）に見る浜名氏

第一章　北条氏勝奥方様「妙俊」と浜名豊後守時成（妙法）の同行参詣

妙本寺過去帳に載る「妙俊」は、松山城主上田朝直の息女で、玉縄城主北条氏勝に嫁ぎ、玉縄城主北条氏勝奥方様、左衛門大夫氏勝簾中と呼ばれた方の法名です。「妙法」は、第六代玉縄城主北条氏勝の家臣浜名豊後守時成のことです。また、「妙持」は、北条氏の家臣布施康能の息女のことになります。

第二章　同行参詣の期間

北条氏勝簾中「妙俊」と北条氏勝家臣浜名豊後守時成（妙法）との同行参詣は、妙本寺過去帳の記載で、一五七四（天正二年）から浜名豊後守時成の亡くなる一五八九（永禄三年）五月二十五日までの十五年間に及び、同道回数は、延べ十五回となっています。十五年間に十五回の参詣ですから、年一回の割合です。回数は、ともかく、十五年間続いたことが、注目に値します。

第三章　妙本寺過去帳記載の特徴

第六代玉縄城主北条氏勝奥方様「妙俊」と北条氏勝家臣浜名豊後守時成の妙本寺過去帳の記載の方法を見ますと、過去帳の上段に妙俊（北条氏勝室）、その下段に浜名豊守時成が、垂直（上下）関係に、並んで記帳されている場合（A型）と、もう一つが、妙俊（北条氏勝簾）の左右に並んで（水平に）浜名豊後守時成が、記載されている場合（B型）です。過去帳の記載の上下に並んで記載されることは、近親者に多く見られますが、ここでは、浜名豊後守時成が、玉縄城主北条氏勝の家臣であり、しかも、信頼関係が強かったことを表していると言えるでしょう。他に、（A型）・（B型）に属さない通常形（一般的）な（C型）があります。玉縄のお局（妙持）の記載方法が、そのように、なっています。

第四章　妙本寺過去帳の記載状況

「妙本寺過去帳」の記載状況は、垂直（上下）の関係（A型）、水平（左右）の関係（B型）、通常の関係（C型）の三パターンになりますが、垂直（上下）の関係及び水平（左右）の関係の記載方法は、「妙本寺過去帳」特有の書き方で、他には見当たりません。

第一節　垂直（上下）の関係（A型）

北条氏勝奥方様「妙俊」・浜名豊後守時成「妙法」の垂直の関係（A型）

第二節　水平（左右）の関係（B型）

北条氏勝奥方様「妙俊」・浜名豊後守時成「妙法」の水平の関係（B型）

第三節　通常の関係、（C型）

北条氏勝家臣布施康能息女「妙持俊」の通常の関係、（C型）です。

結論から先にしますと、垂直（上下）関係は八件・水平関係は七件あわせて十五件になります。記帳状況を確認しますと、次の通りになります。ここで、分かりにくいので、垂直（上下関係）一件・水平（左右関係）一件あわせて二件の事例を掲げておきます。

さらに、垂直関係の八件、水平（左右）関係の七件の、事例を整理しておきます。なお、日にちは、妙本寺過去帳（妙本寺大堂常汁回向帳）の日にちで、上段・下段は、垂直（上下）の関係（A

型）を、水平は、横の関係（B型）を表しています。

第五章　垂直（上下）の関係（A型）の実例

①四日　上段　玉縄ノ奥方妙俊　下段　浜名豊後妙法
②六日　上段　玉縄ノ奥方妙俊　下段　浜名豊後妙法
③十日　上段　玉縄ノ奥方妙俊　下段　浜名豊後守妙法
④二十二日　上段　玉縄ノ奥方妙俊　下段　ハマナ豊後妙法
⑤二十五日　上段　北条衛門大夫妙俊奥方玉縄　下段　浜名妙法
⑥八日　上段　玉縄ノ妙俊北条衛門大夫簾中　下段　妙法ハマナ
⑦十九日　上段　北左内方妙俊　下段　浜名妙法
⑧三日　上段　北左簾中妙俊　下段　浜名豊後守

第六章　水平（左右）の関係（B型）の実例

⑨二十四日　左側　安独息女妙俊　右側　浜名豊後守妙法
⑩二十九日　左側　妙俊　右側　ハマナ豊後妙法
⑪二日　右側　玉縄ノ内方妙俊　左側　浜名豊後守妙法

表2　妙本寺過去帳　A型

中条出羽守
日誉
幸田
日存
上田
宗調
上田
日上
玉縄ノ奥方
妙俊
浜名彦五郎
蓮寿
五月
ヤマサキヤ
法三

円教坊
日親
弘治三丁巳六月
同内方
妙存
能州
蓮調
簾中
妙上
浜名豊後守
妙法
同
妙三

表3　妙本寺過去帳　B型

上田
宗調
同上州
日上
一楽
日存
玉縄ノ内方
妙俊
中条出羽守
日誉
浜名豊後守
妙法

同能州
蓮調
同内室
妙上
同内
妙存
播州三郎左母
妙祐
妙宗
大谷山口
守悝
日相

⑫九日　　左側　玉縄ノ奥方妙俊　　　右側　浜名豊後妙法
⑬十六日　左側　玉縄ノ奥方妙俊　　　右側　ハマナ妙法
⑭二十三日　左側　北条左衛門尉大夫簾中妙俊　右側　浜名豊後守妙法
⑮二十六日　左側　北条衛門大夫簾中妙俊　右側　ハマナ妙法

第七章　通常の関係（C型）の実例

二十七例の内、事案を選んで、代表例だけをまとめます。

妙俊（北条氏勝室）・妙法（浜名豊後守）・妙持（玉縄ノ局）の三人の同時参詣　六回
日慶（妙持の父親、布施佐渡守、妙本寺大檀越）・妙持の二人同時参詣　四回
妙法・妙持の二人の同時参詣　三回
妙俊・妙法・日慶・妙持四人の同時参詣　一回
その他通常参拝（一人参拝）十三回

となっています。

第八章　妙本寺過去帳の時期別

ここで、垂直（A型）・水平（B型）を離れ、時期別に、並べますと、

第一期　妙俊の松山城主上田朝直の息女時代

（一）妙俊の結婚前　⑨・⑩

第二期　北条氏勝の玉縄城主就任以前

（二）妙俊の結婚後　内方　⑪
奥方　①・②・③・④・⑫・⑬

第三期　北条氏勝の玉縄城主時代

（三）玉縄北条衛門大夫奥方妙俊　⑤
（四）玉縄の妙俊北条左衛門大夫簾中　⑥
（五）北条左衛門尉大夫簾中妙俊　⑭
（六）北条左衛門大夫簾中妙俊　⑮

第四期　北条氏勝が北左と名乗った時代

（七）北左内方妙俊　⑦
（八）北左簾中妙俊　⑧

となります。第三期と第四期は、重なり合っていますが、別人のように、見えますので、第三期・第四期と分けました。このように、奥方妙俊の記載に変化があることが認められます。

第九章　奥方様「妙俊」の記載の変化

初期段階は、妙俊が結婚する前の段階で、第二期は、内方・奥方の妙俊とある段階になります。第三期は、北条氏勝が、左衛門大夫として、第六代玉縄城主となってから、妙俊は、「北条左衛門大夫簾中妙俊」等と記載され、第四期は、「北左簾中妙俊」となります。第三期の、六代北条氏勝の城主就任は、「北条左衛門大夫簾中妙俊」と北左簾中妙俊が一緒になって記載されます。北条氏勝の、左衛門大夫は、初出一五八九（天正十七年）十一月七日で、同じく、北条氏勝の北左は、初出一五八九（天正十七年）十月八日以降となり、奥方妙俊の記載時期の推定が可能となります。また、「妙俊」の記載は、「玉縄ノ奥方妙俊」が、六件と、一番多くなっています。

第四十二部　北条「妙俊」の年譜

ここで、北条左衛門尉大夫簾中妙俊の年譜をまとめておきます。

①一五六〇（永禄三年）　松山城主上田朝直の二女として誕生

②一五七四（天正二年）　安独斎（松山城主上田朝直）息女妙俊　十四歳

③一五七五（天正三年）	第六代玉縄城主北条氏勝と結婚	十五歳
④一五八二（天正十年）五月二十四日	北条氏勝初見文書（荻野文書）	二十二歳
⑤一五八三（天正十一年）五月十二日	北条氏勝左衛門大夫の初出	二十三歳
⑥一五八八（天正十六年カ）	この年、北条氏勝と離婚	二十八歳
⑦一五八九（天正十七年）五月二十五日	浜名豊後守時成（妙法）亡くなる	二十九歳
⑧一五八九（天正十七年カ）	この年、吉良氏朝と再婚	二十九歳
⑨一五九〇（天正十八年）三月	北条氏勝妙本寺に文書	三十歳
⑩一五九〇（天正十八年）五月七日	小田原城落城	三十歳
⑪一五九四（文禄三年）十月二十七日	妙俊亡くなる	三十四歳

第一章　吉良「妙俊」（上田朝直二女）の死去

『妙本寺過去帳』に、一五九四（文禄三年）十月二十七日「上田安独斉（上田朝直）息女　世田谷御前妙俊三十四歳」とあり、亡くなったことが分かります。

第二章　玉縄城主北条氏勝お局様布施「妙持」（布施康能息女）の両親

第一節　お局様布施「妙持」の父親

『妙本寺過去帳』に、

一五八五（天正十三年）十二月十三日　布施佐渡守康能

調御院芳沢　七十八歳

布施佐渡守康能は、相模国寺田縄（平塚市寺田縄）に所在する日蓮宗の寺院で、蓮昭寺の中興の祖とされており、お墓は、蓮昭寺にあります。

第二節　お局様布施「妙持」の母親

同じく『妙本寺過去帳』に、母親は、

一五八七（天正十五年）四月三日　　布施氏奥方

浄御院妙源

とあります。

第三節　お局様布施「妙持」の妙本寺参詣

すでに、述べましたが、全部で、二十七回あります。

①妙俊（北条氏勝奥方様）・妙法（浜名時成）・妙持（玉縄ノ局）の三人の同時参詣が、六回

②日慶（妙持の父親（布施佐渡守康能、妙本寺大檀越）・妙持の二人同時参詣　四回

③妙法・妙持の三人の同時参詣　三回

④妙俊・妙法・日慶・妙持四人の同時参詣　一回
⑤その他通常参拝（一人参拝）十三回

となっています。

第三章　歴代玉縄城主から見た「左衛門大夫」と「北佐」

三代北条綱成　左衛門大夫　初出一五四九（天文十八年カ）十一月七日
　　　　　　　　　　　　　終了一五七一（元亀二年カ）六月一日

四代北条氏繁　左衛門大夫　初出一五七二（元亀三年）十一月七日
　　　　　　　　　　　　　終了一五七四（天正二年）閏十一月五日
　　　　　　　北左　　　　初出・終出一五七四（天正二年）五月二日

五代北条氏舜　左衛門大夫　初出一五七七（天正五年カ）七月二十四日
　　　　　　　　　　　　　終了一五八〇（天正八年）六月一日

六代北条氏勝　左衛門大夫　初出一五八九（天正十七年）十一月七日
　　　　　　　　　　　　　終了一六〇二（慶長七年）六月一日
　　　　　　　北左　　　　初出一五八九（天正十七年）十月八日
　　　　　　　　　　　　　終了一六〇二（慶長七年）六月九日

第四章　左衛門大夫・北左のまとめ

左衛門大夫の初出は、玉縄城主就任を表し、北左は、北条左衛門大夫の略で、五代北条氏舜の一件、六代北条氏勝の二件の計三件だけです。

なお、本件資料は、『藤沢市史研究第七号』「玉縄北条氏文書集補遺（一）」佐藤博信先生を参考にさせていただきました。

第五章　左衛門大夫の追加事項

第一節　北条綱成

（天文十三年）九月二十四日から（天文十八年）五月十八日　孫九郎から左衛門大夫へ官途名を改めている。（天正十七年）十月五日（神九四八二）

（天正十八年カ）三月二日天文十八年カ）四月三日　鶴岡八幡宮文書　玉縄城普請

北条左衛門大夫

（元亀二年）六月一日　森文書　大鋸の雇入れ

第二節　北条氏繁

（元亀三年）四月五日　香像院文書　直務支配　北条左衛門大夫氏繁

（天正二年）閏十一月五日　　　　大久保文書　寄付　左衛門大夫氏繁

第三節　北条氏舜

（天正五年カ）七月二十四日　　遠藤白川文書　結城・山川との対陣北条左衛門大夫氏繁

（天正八年）八月　　　　　　　高座郡文書　法渡　左衛門大夫

第四節　北条氏勝

一五八四（天正十二年カ）十一月二十九日　北条氏照書状写　文中左太　北条氏勝（戦北二七四二）

山中城（城主松田右京大夫康秀）に加勢

一五八九（天正十七年カ）四月十日　北条記巻六　玉縄の城主北条左衛門大夫氏勝　伊豆国山中城主（松田右京大夫康秀）に加勢する　北条氏勝の家臣は、朝倉能登守景隆・間宮備前守康俊・行方弾正・池田民部・山中大炊助頼元・椎津隼人らであった。

一五九〇（天正十八年カ）三月二日　妙本寺文書　就都鄙両将干戈、京勢乱入節　諸物資入置此一筆証文仁罷成間敷候　北条左衛門大夫氏勝　宛妙本寺御寺中（戦北三六六六）

一五九〇（天正十八年カ）四月　武州文書　禁制　左衛門大夫

一五九〇（天正十八年カ）四月下旬　北条左衛門大夫（氏勝）　相州玉縄城

これハ御わひ言申、この城渡申候

一六〇二（慶長七年カ）六月九日

北条氏勝書状

宛正覚坊　発出人（北条）北左氏勝

第四十三部　吉良氏一族と蒔田殿「妙慶」

第一章　吉良氏の家系

①吉良成高（吉良貞康）――②吉良頼康（堀越氏朝）――③吉良氏朝（蒔田頼久）――④吉良氏広

②吉良頼康＝山木大方
　鶴松院殿

③吉良氏朝＝世田谷御前
　上田「妙俊」

＝蒔田殿
　妙慶
　高源院
　蒔田御所

④吉良氏広＝種徳寺殿

第二章　蒔田殿「妙慶」と上田「妙俊」

吉良氏関係の記述は、『吉良氏の研究』荻野三七彦著及び『北条氏康と子供たち』黒田基樹編著者を参考にしています。

第一節　蒔田殿「妙慶」

吉良氏朝室・蒔田殿・妙慶とも呼ばれていますが、北条宗哲（幻庵）の息女で、北条氏康の養女になって、吉良氏朝と結婚します。

『北条記』「公方御他界之事付御台所御歌之事」の条には、

「マイ田殿　セタガイノ御所・吉良殿（吉良氏朝）」

とあります。

第二節　北条「妙俊」（上田「妙俊」）

松山城主上田朝直の次女ですが、実名などは、判明しません。鎌倉・妙本寺の『妙本寺過去帳』に、参詣記録が載ります。最後の記録は、

一五九四（文禄三年）十月二十七日条に、

「安独斎（松山城主上田朝直）息女　世田谷御前　妙俊　三十四歳」

となっています。

当時の世田谷城主は、吉良氏朝ですので、上田「妙俊」は、吉良氏朝の後室になっていたと考えられます。

第三章　吉良氏の拠城

吉良氏の所領地は、世田谷城・蒔田城の二城の領域が、領地の大部分を占めています。世田谷・蒔田の領地は、足利尊氏から拝領したと伝えられています。なお、世田谷城・蒔田城の二城制を始めたのは、吉良成高からです。そして、蒔田城に初めて拠点を移したのは、吉良頼康からとなっています。

第一節　世田谷城

東京都世田谷区に所在します。

第二節　蒔田城

横浜市南区蒔田に所在します。港湾都市に近接する地の利といえます。蒔田城に、拠点を移したのは、吉良氏朝の養父、吉良康朝で、戦国時代のことです。

第四十四部　北条氏康の書状

第一章　北条氏康書状(その一)

一五六一（永禄四年カ）二月二十五日　北条氏康書状は、蒔田殿家臣高橋郷左衛門尉（実情は、北条氏の家臣です）宛で、内容は、蒔田殿を浦賀城に移す予定であったが、諸般の事情「遠慮多候」により、玉縄城に変更するというものです。浦賀城から玉縄城への変更は、玉縄城主北条氏繁室（七曲殿）と蒔田城主吉良氏朝室（蒔田殿）が、北条氏康の姉妹の関係にあったからだと考えられます。これは、一五六一（永禄四年）三月、上杉謙信の小田原攻めに、対して、北条氏康の取られた処置です。

第二章　蒔田殿「妙慶」の存在

北条氏康書状には、蒔田殿と二回出ています。蒔田殿は、蒔田殿のほか、妙慶とも呼ばれており、吉良氏朝の室となっています。他に蒔田殿と呼ばれた人は、見当たりません。

この場合の「蒔田殿」は、吉良氏朝室「妙慶」を指します。

一五六二（永禄五年）十二月十六日　吉良氏朝は、北条氏康の娘（蒔田殿・妙慶）と結婚します。頼康・氏朝の二代にわたって北条氏の娘婿になっています。

第一節　浦賀城（目的地）

浦賀城は、三崎城と共に、江戸湾の海上警固を担なっております。

第二節　玉縄城（変更後の目的地）

玉縄城は、三浦半島の守りとして、伊勢宗瑞によって、村岡郷に築城されたとされています。当時の第三代玉縄城主は、北条氏繁で、室は、七曲殿です。

第三章　蒔田殿「妙慶」と北条氏繁室七曲殿

北条氏康から見た場合ですが、吉良氏朝室蒔田殿（妙慶）は、養女にあたり、北条氏繁室七曲殿は、息女となります。蒔田殿（妙慶）と北条氏繁室七曲殿は、北条一族同士という関係で、玉縄城に移ることに、何の支障もなかったでしょう。

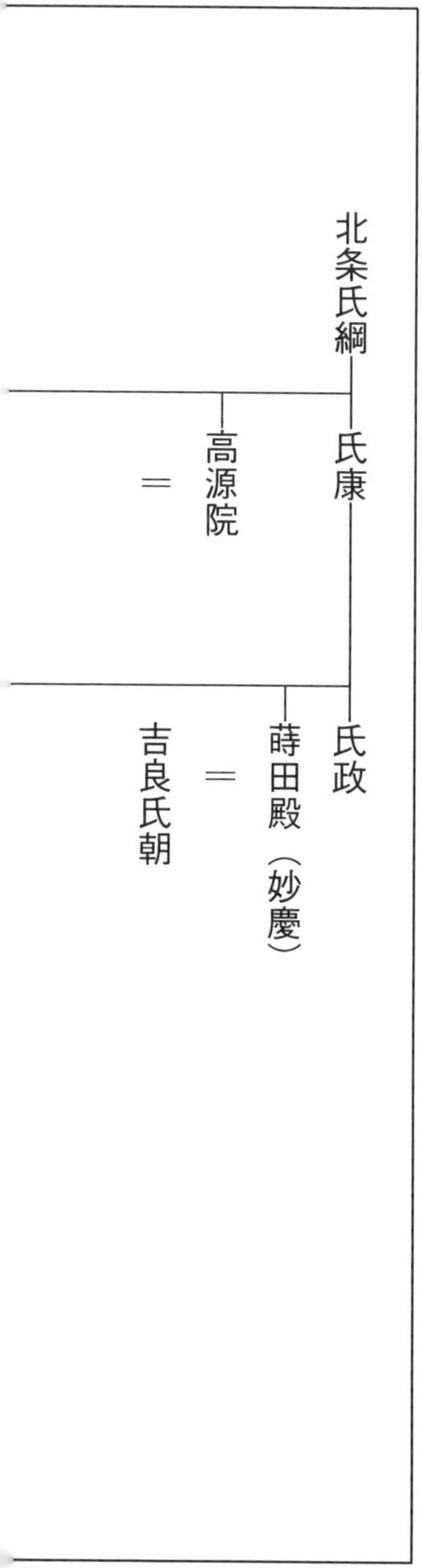

系図3
玉縄北条氏関係の系図

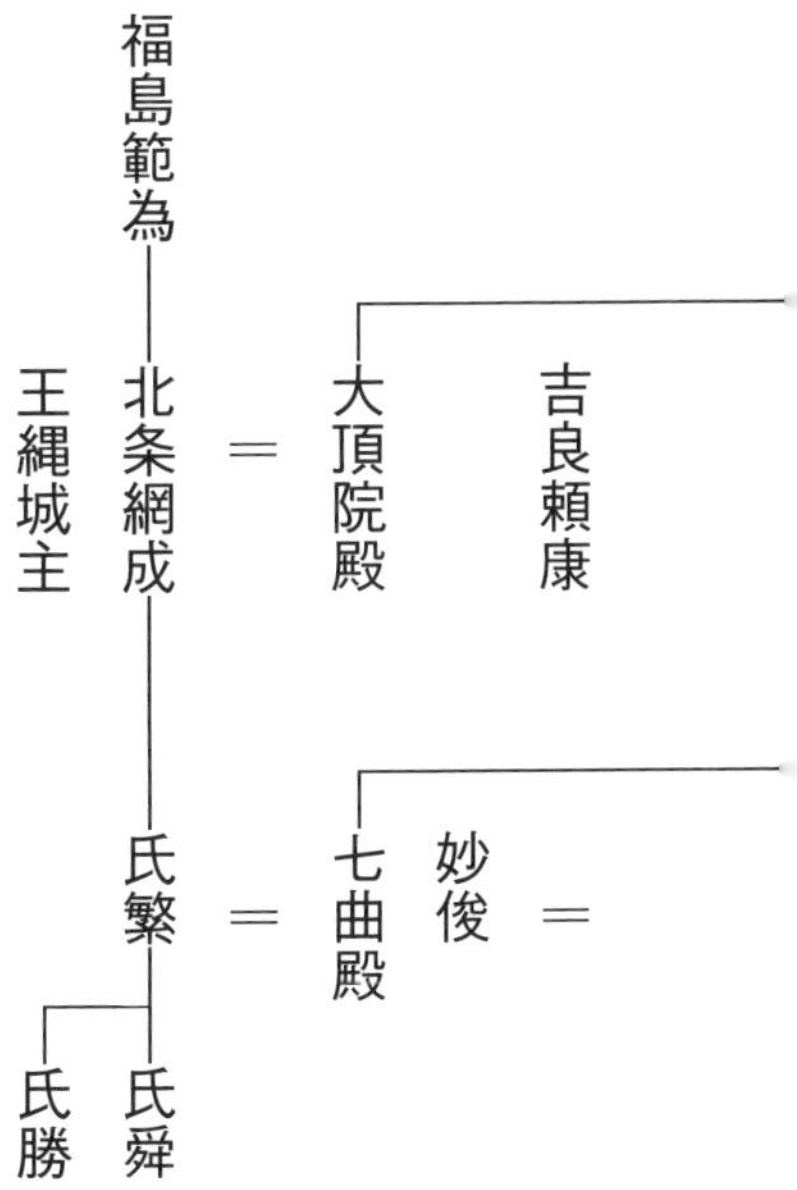

第四章　蒔田殿「妙慶」の警固隊

文中に、警固隊は「三百人」を整えるようにと、ありますが、北条宗家の人物警固は、「三百人」が、基準となっているようです。北条氏康書状の時代背景には、上杉謙信の関東出陣の、小田原城攻めに備えて、吉良氏の室蒔田殿を、はじめ、浦賀城への移動を考慮しましたが、途中で、玉縄城に、変更したものです。この時、玉縄城主北条氏繁は、家臣の御弊山城主（大谷左衛門公嘉）と共に、韮山城を守っています。

第五章　北条氏康書状（その二）

一五五八（永禄元年）三月十二日　北条氏康書状　宛正木兵部太（大）輔　浦賀には、左衛門大夫（綱成・氏繁）父子・遠山康光・布施康能・笠原佐渡守等が、詰める趣旨の書状で、浦賀城主正木兵部太輔殿宛となっています。房州里見家とも関連する正木氏を警戒する様子が見てとれます。

第六章　浦賀城主正木民部大輔時茂の関連書状

①一五五六（天文二年）四月八日　北条氏康書状　宛正木淡路守弥五郎・源七郎
②一五五九（永禄二年）三月十二日　北条氏康書状　浦賀城に北条氏繁を配置
③一五六〇（永禄三年）五月二十八日　北条氏康書状時茂書状
④一五六一（永禄四年）二月二十五日　北条氏康書状　宛正木民部大輔時茂
⑤一五六四（永禄七年カ）二月二十五日　北条氏康書状写　左近大夫時忠

第七章　正木民部大輔時茂の所領

第一節　横須賀市（金田）

第二節　三浦市（長坂・矢部・佐野村・浦賀・公郷寺方）

第三節　富津市（峰上城衆所領）

以上六百九十八石七百弐拾七文となっています。

第八章　上総国峰上城主（富津市上後）正木民部大輔時茂

一五三三（天文二年）九月三日　鰐口銘「峰上之城广利四天」とあり、峰上城の存在が、確認されます。［千葉県史料金石篇二］

第九章　北条水軍と里見水軍の海戦

北条水軍と里見水軍の海戦は、第一次（三浦半島沖）海戦と第二次（房総半島沖）海戦に分けて考えることができます。

第一節　第一次（三浦半島沖）海戦　北条水軍（山本家次）対里見水軍（正木時茂）

①一五三三（天文二年）八月二十三日　北条為昌書状　宛山本左衛門尉殿
②一五三三（天文二年）八月　正木時茂書状
③一五四〇（天文二年）四月三日　北条氏綱制札

第二節　第二次（房総半島沖）海戦　北条水軍（山本正次）対里見水軍（正木時忠）

①一五六七（永禄十年）三月二十八日　北条氏規朱印状写　宛山本左衛門太郎（正直）

②一五六九（永禄十二年カ）六月三日　北条氏規感状
宛山本左衛門太郎（正直）
③一五七〇（元亀七年カ）八月十七日　北条氏規感状写
宛山本新七郎殿（山本正次）
内容は、「依向地房総半島（上総国・安房国）相勤」となっています。
『新横須賀市史資料編古代中世二』によります。

第十章　『千葉県の歴史資料編中世四』に見る海戦の代表例

第一節　第一次（三浦半島沖）海戦の実例

一五二六（大永六年）五月　妙国寺文書
武蔵品川に及んだ里見氏の勢力―里見氏の禁制―

第二節　第二次（房総半島沖）海戦の実例

一五七六（天正四年）三月二十八日
西上総に成立した半手湊　越前史料所収「山本文書」
江戸湾をめぐる里見・北条氏の攻防
に、まとめられております。

第十一章　北条水軍大将山本氏の家系

山本正直
左衛門太郎

①山本家次
信濃守
左衛門太郎

②山本正次
新七郎

第十二章　里見水軍正木道綱の家系

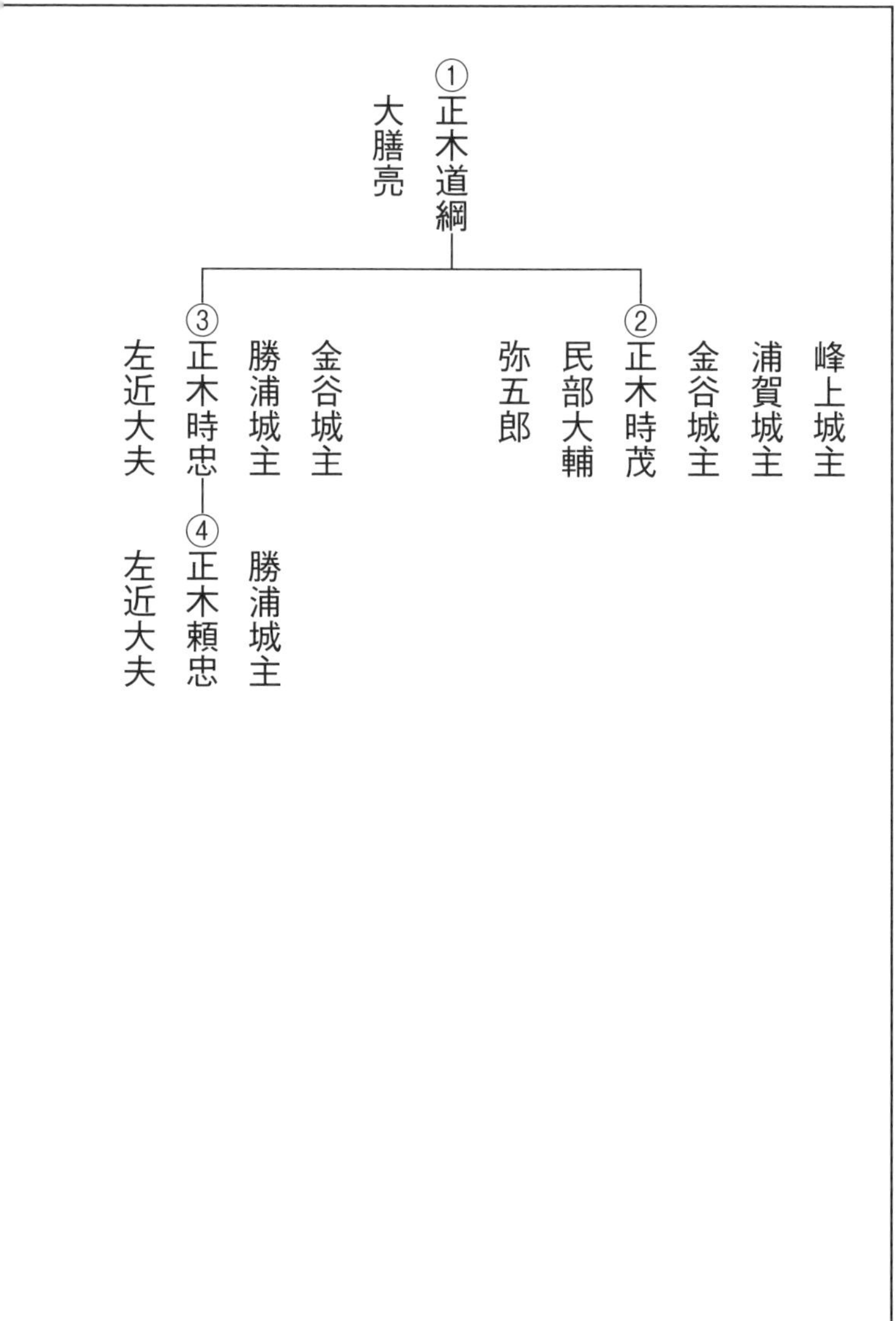

大膳亮
淡路守
源七郎

第十三章　北条水軍と里見水軍の追加事項

北条水軍と里見水軍については、
第六巻第七十三部　北条水軍と里見水軍
第六巻第七十四部　北条水軍の編成
第六巻第七十四部　富津における半手支配の実態
第六巻第七十六部　北条氏規による半手支配の改革で、記載しています。

第四十五部　蒔田殿（妙慶）の妙本寺参詣

『妙本寺過去帳』によれば、次の七回になっています。この参詣記録は、決して少ない方では、ありません。

①十三日　中段　妙慶
②十五日　中段　妙慶
③十五日　中段　妙慶
④十五日　中段　妙慶
⑤十五日　中段　妙慶
⑥十八日　下段　妙慶
⑦十八日　中段　妙慶

第四十六部　日源聖人と関連寺院

第一章　駿河国実相寺（富士市）の中興

日源聖人は、日蓮宗の高僧で、日蓮の直弟子となった人です。三河国実相寺を中興開山しています。

第二章　日源聖人と法華寺（法花寺）の開基

法華寺（法花寺）は、一二八三（弘安六年）日源聖人の開基とされています。日源聖人が、この寺を開くにあたり、日蓮聖人の高弟日朗聖人から譲り受けたという祖師像を本尊にしたとされています。「吉良氏の研究」荻野三七彦氏によります。

第三章　法花寺（目黒区碑文谷）関係書状

①一五四八（天文十七年）九月二十日　吉良頼貞（頼康）判物写　あて法花寺

②一五四九（天文十八年）九月二十日　吉良頼康（頼康）書状で、碑文谷の法花寺に諸役を免除し、池上・本門寺との争論をやめるよう命じています。

③一五八三（天正十一年）二月十三日　吉良氏掟書（写）あて法花寺　吉良氏朝が法花寺を保護しています。

④一五八五（天正十三年）十一月十七日　吉良氏印判状　文中法花寺

⑤一五八七（天正十五年）十月十八日　北条氏房朱印状　あて法華寺

第四章　雑司ヶ谷法明寺（豊島区雑司ヶ谷三丁目）の改宗

雑司ヶ谷法明寺を、日源聖人は、真言宗から一三一二年（正和元年）日蓮宗に改宗させています。

第四十七部　大楽院の仏像

第一章　大楽院の仏像

大楽院の所在は、川崎市上丸子八幡町です。

第二章　仏像の大きさ

仏像の大きさは、
木造釈迦如来坐像（高さ一、六メートル動座奥行一、二八メートル）
寄木造で、制作年代は、一五六〇（永禄三年）～一五九〇（天正十八年）とされています。

第三章　仏像胎内墨書銘

「大檀那吉良　妙慶逆修
源氏朝扞家中衆　森兵衛助」

吉良氏朝が大檀那となり、吉良氏朝室の蒔田殿（妙慶）が記されています。森兵衛助は、吉良妙慶の筆頭家臣で、北条氏から派遣された人物です。

第四十八部　吉良氏関係年譜

一三七六（永和二年）一月二十九日　吉良政家　鶴岡八幡宮に、世田谷郷内上弦巻村半分の地を、寄進します。

一四八〇（文明十八年）この年、吉良成高、世田谷城・蒔田城の二拠点とする。

一五三三（天文二年）十月二十八日　吉良頼康　鶴岡八幡宮造営の材木を杉田浦へ終結、材木座に輸送します。

一五四二（天文十一年）吉良氏朝誕生、母は、北条氏康の娘山木大方（碕姫）です。

一五四九（天文十八年）九月二十日　吉良頼康　碑文谷の法花寺に諸役を免除し、池上本門寺との争論をやめるよう命じています。
一五五九（永禄二年）この頃、吉良頼康、世田谷御所から蒔田御所に移る。
一五六〇（永禄三年）蒔田殿（妙慶）、小田原城から玉縄城に移ります。
一五六〇（永禄三年）この年、吉良頼康、吉良氏朝に家督を譲る
一五六一（永禄四年）二月二十五日　北条氏康書状　蒔田殿（北条氏康養女）を、浦賀城（浦賀城主正木時茂）に、移す予定を、玉縄城（玉縄城主北条氏繁）に変更する
一五六一（永禄四年）三月七日　上杉謙信、小田原城を攻める
一五六一（永禄四年カ）十二月五日　吉良頼康卒
一五六一（永禄四年）この年、吉良頼康、吉良氏朝に家督を譲る
一五六一（永禄四年）十二月二十五日　吉良頼康卒
一五六二（永禄五年）十二月十六日　吉良氏朝　北条宗哲娘・北条氏康の養女（蒔田殿・妙慶・鶴松院殿）と結婚する。
一五六八（永禄十一年）八月二十四日　高源院殿（妙慶）死去
一五六八（永禄十一年）吉良氏朝の嫡男北条氏広誕生する
一五八三（天正十一年）二月十三日　吉良氏朝　碑文谷の法花寺に掟書を定め、保護を加える。

一五八六（天正十四年）八月二十四日　吉良頼康室（山木大方）卒
一五八九（永禄三年）五月二十五日、浜名豊後守時成「妙法」死去
一五九〇（天正十八年）三月二日　北条氏勝書状に、京勢乱入の際は、本状を以て証判とするように、妙本寺あて書状があります。
一五八九（天正十八年）この年、世田谷御前「妙俊」、北条氏勝と離婚
一五九〇（天正十七年）この年、世田谷御前「妙俊」、吉良氏朝と結婚
一五九〇（天正十八年）七月　吉良氏朝　世田谷弦巻村の実相院にはいる。
一五九二（天正二十年）この年、徳川家康、吉良氏広に、上総国寺崎郷（長生郡長柄町）で、千百二十五石を与えています。
一五九四（文禄三年）十月二十七日　世田谷御前「妙俊」死去　享年三十四歳
一六〇三（慶長八年）九月六日　吉良氏朝死去　世田谷実相寺に葬る　六十二歳
一六〇九（慶長十四年）三月二十七日　吉良氏広死去　享年四十二歳

第一章　浜名豊後守時成と「妙俊」との同行参詣の終了

先にも記しましたが、北条氏勝簾中「妙俊」と北条氏勝家臣浜名豊後守時成（妙法）との同道参詣は、一五七四（天正二年）から浜名豊後守時成の亡くなる一五八九（永禄三年）五月二十五日ま

での十五年間に及び、同道回数は、延べ十五回となっています。十五年間に、十五回の参詣ですから、年一回の割合です。回数は、ともかく、十五年間続いたことが、信仰上の上で、大きいと考えられます。

第二章　上田「妙俊」、北条氏勝と離婚

一五八八（天正十六年）この年、上田「妙俊」が、北条氏勝と離婚します。

第三章　上田「妙俊」、吉良氏朝と再婚

一五八九（天正十七年）この年、上田「妙俊」、吉良氏朝と再婚します。

第四章　妙本寺過去帳の記載

一五九四（文禄三年）十月二十七日　世田谷御前「妙俊」死去　享年三十四歳』とありますが、「世田谷御前」とあることは、吉良氏朝の室となったことを表していると考えられます。

第四十九部　今川氏親・伊勢宗瑞の出陣

第一章　今川氏親と三人の家老及びその家系

今川家には、一番家老三浦氏・二番家老朝比奈氏・三番家老福島氏と三人の家老がいますが、一番家老の三浦氏には、出陣の記録が見当たりません。出陣の記録は、二番家老朝比奈氏・三番家老福島氏だけですので、注意を要します。

第一節　一番家老　三浦氏の家系

①三浦氏員―②氏満―③正俊―④真俊

第二節　二番家老　朝比奈氏の家系

①朝比奈泰凞―③康能―⑤康朝―⑥時茂―⑦康元

和泉守（③康能）　弥太郎（⑦康元）

②朝比奈能以―④時茂

備中守

弥三郎

第三節　三番家老　福島氏の家系

①福島為基—②福島助春—④福島助昌

（②福島助春）左衛門尉

③範能

玄蕃允

⑤範為

和泉守

第二章　福島和泉守範為の動向

今川氏三番家老福島和泉守範為の動向は、次の書状によって一部が明らかになっています。内容は、第一、引間の状況①第二、遠江国羽鳥の年貢未納事件、②④⑤⑥⑦⑧⑨第三、③伊勢宗瑞との京都時代の知り合いであることなどです。

①一五一〇（永正七年）十月一日　福島範為書状　（静五二四）

②一五一一（永正八年カ）四月三日　福島範為書状　（静五三四）

③一五一一（永正八年）十一月八日　福島範為書状　（静五四六）

④一五一一（永正八年）十一月八日　福島範為書状　（静五四七）

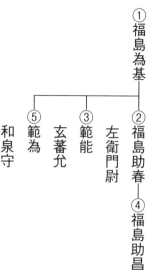

⑤一五一一（永正八年）十一月十六日　福島範為書状（静五四九）
⑥一五一一（永正八年）十一月十八日　福島範為書状（静五五〇）
⑦一五一一（永正八年）十一月十八日　福島範為書状（静五五一）
⑧一五一二（永正九年）十月十三日　福島範為書状（静五七一）
⑨一五一二（永正九年）十一月二十六日　福島範為書状（静五七二）
⑩一五二一（大永元年）十一月二十三日　福島和泉守範為　討死
『塩山向岳禅庵小年代記』（静七八三）

第三章　今川氏家老の出陣状況

朝比奈氏・福島氏の両家老で、出陣の記録があるのは、次の六人で、うち二人が、その代表格となります。朝比奈氏では、「朝比奈奏滋」、福島氏は、「福島助春」となっています。

第一節　二番家老　朝比奈氏

①一五〇一（文亀元年）
『宗長手記』（静三〇三）
「仰（朝比奈）備中守康滋　当国にをきて粉骨戦忠の次第、社山（やしろやま）に（斯波）左衛門佐殿在城、配流をもって、二股の城へ退け、則尾張国当国浪人等、浜名の海南北にめくり、本

城・外城、黒山と云、早雲庵（伊勢宗瑞）・備中守相談せられ、当国諸軍勢うちよせ、両三日に
落居す、」
②一五〇一（文亀元年）
『今川家譜』（静三〇五）
「堀江ニ一味シテ黒山ニ籠リシヲ、伊勢新九郎（伊勢宗瑞）並び朝比奈備中守康凞大将ニテ駆向
ヒ、三日三夜ニ攻落シ、堀江ハ降参シテ大河内ハ討死ス」
一五〇一（文亀元年）八月二十八日、今川氏親感状
今度於堀江要害城（浜松市）尤忠節無粉候、
あて朝比奈助次郎殿　氏親（今川）
③一五〇四（永正元年）
『宗長手記』（静三六四）
「氏親、九月十一日　俄進発、十三日備中守（朝比奈奏凞）・福島左衛門尉助春、駿遠両国軍勢
日出陣す、早雲の陣益形着陣、」
④一五〇四（永正元年）九月
『今川家譜』（静三六五）
「氏親・早雲、朝比奈備中（康凞）・福島左衛門尉（助春）先達ニテ、永正元年九月十三日、武

州中野ト云処ニ着陣也」

⑤一五一〇（永正七年）十一月一日、
朝比奈奏瓲、小笠原右京進らに、今川氏親が出陣し、翌日遠江国懸川に着くことを知らせる。朝
比奈奏瓲書状（静五二八）
「明日者懸河（掛川市懸川）へ可被出着候、」
あて大沢殿　小笠原右京進殿　　朝比備　奏瓲（朝比奈奏瓲）

⑥一五一〇（永正七年）十一月二十三日、
朝比奈奏瓲、大沢某に、二十六日に遠江国　引問（浜松市）着陣予定を知らせる。朝比奈奏瓲書
状（静五三〇）

⑦一五一一（永正八年）一月一日、宗長、朝比奈奏瓲の三七日忌に、和歌百首を詠む。
『述懐百韻』屏山文庫所蔵（静五三二）
永正八年正月二十一日忌日（永正八年正月一日、朝比奈奏瓲死去）

⑧一五一三（永正十年）三月、今川氏親、深嶽城に斯波義達と戦い、勝利する。
『重編応仁記』後集下（静五八二）
「此節大河内欠綱ハ、斯波家ノ味方ト成リテ、信濃・三河ノ勢ヲ語ヒ、遠州ヲ横領ス、先ツ是
ヲ退治ノ為ニ、永正十年春三月、氏親一万ノ兵ヲ率シ、遠州ニ打入テ、斯波治部大輔義達ハ、尾

州ノ勢ヲ率シ、遠州ノ井伊次郎直親ヲ相伴ヒ、御嶽ノ城ニ籠ラレケルヲ、今川の先陣朝比（夷）奈十郎康以ト云者、互一手ニテ御嶽山ニ寄来り、案内ヲ知テ、一夜討シ、忽城ヲモ攻落シテ、数百人ヲ討捕ヌ、尾州勢悉打負、同国奥ノ山ヱ引退ク、大河内欠綱等散」

⑨一五一五（永正十二年）十月、駿河国朝比奈和泉、没する。

『妙法寺記』（静六二三）

「駿河国朝比奈（康能）和泉殿、此年（永正十二年）ノ十月病死畢

⑩一五一七（永正十四年）八月十九日、今川氏親、遠江国引間城に、斯波義達、大川内貞綱らと戦い、勝利する。

『鵜津山記』（静六五四）

「同（永正十四年）五のほとより天竜川をへたて丶、武衛千時治部太輔義達、三河国さかひ浜松庄引間といふ地に国の牢人以下七八千楯籠、去年冬より此夏まて也」

『宗長手記』（静六五五）

「（朝比奈）康能伯父時茂、八幡を守護し、当国、同駿州までの御留守厳重なり、大河内兄弟父子、巨海・高橋其外楯籠傍輩数輩、あるは討死、あるは討捨、あるは生捕、男女落行体目もあてられすそ有し、武衛又仔細ありて出城、ちかき普斎寺と云会下寺にして御出家」

『今川家譜』（静六五八）

「先年大川内一味ノ浪人等又武衛ヲ大将ニ招キ楯籠リ天竜川前後ヲ横領ス、氏親出張シテ掛川ノ城ニ幡オ建ラレ、翌年五月ニ彼敵城ヲ攻ラル、」

⑪一五一八（大永二年）正月十四日、甲斐国に侵入した今川氏親の軍勢、敗北して和を請い、帰国する。

『塩山向岳禅庵小年代記』（静七八九）

「同（正月）十四日、駿州勢、乞身命帰国、」

⑫一五一八（永正十五年）この年、三河国舟方山城を、田原（戸田）弾正忠等が攻めよせ、城主多米又三郎が討死します。

『宗長手記』（静六七五）

「氏親入国、参河の国堺ふなかたといふ山に、味方あり、田原（戸田）弾正忠・諏　信濃守巳下牢人衆催し、舟方の城撃ち落とす、城主多米又三郎討死ス、敵視城を持つ、康以時をうつさす浜名の海　渡海して、則うちおとし、数輩討補、則、奥郡過半発向して懸川に帰城、如此十ケ年、康以はさして康能にわたし、」

⑬一五二一（大永元年）二月二十七日、今川氏親の軍勢、甲斐国に侵入し、武田信虎の軍。

以上、朝比奈氏の三人は、朝比奈奏憑・朝比奈能以・朝比奈康能の三人です。

第二節　三番家老　福島氏

①一五〇一（文亀元年カ）九月二十六日　今川氏親判物　本間文書（静三一〇）

「於蔵王城本間走廻之由候、神妙之至候、弥可尽粉骨由可被申聞候、」

あて福島左衛門尉（助春）（今川）氏親

②一五〇四（永正元年）

『宗長手記』（静三六四）

「氏親、九月十一日　俄進発、十三日備中守（朝比奈奏熈）・福島左衛門尉助春、駿遠両国軍勢、出陣す、早雲の陣益形着陣、」

③一五〇四（永正元年）九月

『今川家譜』（静三六五）

「氏親・早雲、朝比奈備中（康熈）・福島左衛門尉（助春）先達ニテ、永正元年九月十三日、武州中野ト云処ニ着陣也」

④一五一〇（永正七年）三月二十日、本間宗季、遠江国座王城合戦等における戦を上申する。本間宗季軍忠状写（静五一〇）

「座王城、福島左衛門尉助春、城中エ走入る天方城福島玄番（蕃）允、三州福島玄番（蕃）允、為助春代」
⑤一五一〇（永正七年）十月一日、福島範為、中安某に遠江国引間のことなどを伝える。福島範為書状（静五二四）
「仭引間へ調儀之事、次村櫛就兵糧之儀」
⑥一五一〇（永正七年）十一月二十三日、朝比奈奏涆、大沢某に、二十六日に遠江国引間（浜松市）着陣予定を知らせる。朝比奈奏涆書状（静五三〇）
⑦一五一一（永正八年）十一月八日、福島範為、相阿に幕府への進物や遠江国羽鳥荘のことを伝え、斯波義達の出陣に触れる。福島範為書状（静五四六）
「結句武衛出張ニ付候、又早雲庵（伊勢宗瑞）も此間在当地事候間」
　宛相阿　範為
⑧一五一一（永正八年）十一月十八日、福島範為書状、（静五五一）
「結句武衛、井伊（井伊氏、静岡県引佐郡引佐町）山中へ御出張候、今明日之間、我等も致出陣候」
　宛相阿　範為
⑨一五一五（永正十二年）十月、駿河国朝比奈（康能）和泉、死去
『妙法寺記』（静六二三）
「駿河国朝比奈和泉殿、此年（永正十二年）ノ十月病死畢

⑩一五一六（永正三年とあるも、永正十三年の誤り）甲斐武田次郎信縄兄弟不和ノ事アリテ牟鉾ニ及フ、加勢合力ノ事再三誘ヒケレハ、氏親、葛山・庵原・福島等ニ命シテ千余人差遣シ、甲斐国勝山ト云処ニ陣ヲ取ル」

⑪『宗長手記』（静六七五）

「氏親入国、参河の国堺ふなかたといふ山に、味方あり、田原（戸田）弾正忠・諏訪濃守己下牢人衆催し、舟方の城撃ち落す、城主多米又三郎討死す、敵此城を持つ、康以（朝比奈）時をうつさす浜名の海、渡海して、則うちおとし、数輩討補、則、奥郡過半発して懸川に帰城、如此十ケ年、康以はさして康能（朝比奈）にわたし、」

第五十部　今川氏親・伊勢宗瑞の出陣時期

今川氏親・伊勢宗瑞の出陣時期は、第一期・第二期・第三期と区分して考えることができます。

第一章　伊勢宗瑞の出陣（第一期）

①一四九四（明応三年）八月

伊勢長氏（伊勢宗瑞）、遠江国三郡に攻め入る。
『円通松堂禅師語録三』（静一九三）

②一四九五（明応四年）八月
『妙法寺記』（静二〇九）
「此年八月、伊豆ヨリ伊勢入道（伊勢宗瑞）甲州打入、鎌山ニ陣ヲ張タレトモ、和談ニ而引反（返）ス」

③一五〇一（文亀元年）
『宗長手記』（静三〇三）
「仰（朝比奈）備中守康凞　当国にをきて粉骨戦忠の次第、社山（やしろやま）に（斯波）左衛門佐殿在城、配流をもって、二股の城へ退け、則尾張国当国浪人等、浜名の海南北にめくり、本城・外城、黒山と云、早雲庵（伊勢宗瑞）・備中守相談せられ、当国諸軍勢うちよせ、両三日に落居す、」

④一五〇一（文亀元年）
『今川家譜』（静三〇五）
「堀江ニ一味シテ黒山ニ籠リシヲ、伊勢新九郎（伊勢宗瑞）並び朝比奈備中守康凞両大将ニテ駆向ヒ、三日三夜ニ攻落シ、堀江ハ降参シテ大河内ハ討死ス」

⑤一五〇一（文亀元年）九月十八日　伊勢宗瑞、甲斐国に侵攻し、のち敗れる。
『妙法寺記』（静三〇九）
「従伊豆国早雲入道（伊勢宗瑞）甲州打入、吉田城山・小倉山両所ニ代ヲ致テ、国中大勢ニ而巻門（問）、無弓矢シテ皆他国へ勢衆十月三日夜散々逃テ皆死」

第二章　今川氏親・伊勢宗瑞の出陣（第二期）

①一五〇三（文亀三年）、今川氏親・伊勢宗瑞、三河岡崎城・岩津城（岡崎市）を攻める。初出で、時に、伊勢宗瑞五十歳、今川氏親三十三歳となります。
②一五〇四（文亀元年カ）九月二十五日　上杉顕定書状写（静三六二）に、「治部少輔（上杉朝良）并今川五郎（氏親）・伊勢新九郎（伊勢宗瑞）令対陣」とあります。
③一五〇四（永正元年）
『宗長手記』（静三六四）
「氏親、九月十一日　俄進発、十三日備中守（朝比奈泰凞）・福島左衛門尉助春、駿遠両国軍勢日出陣す、早雲の陣益形着陣、」
④一五〇四（永正元年）九月
『今川家譜』（静三六五）

「氏親・早雲、朝比奈備中（康凞）・福島左衛門尉（助春）先達ニテ、永正元年九月十三日、武州中野ト云処ニ着陣也」

⑤一五〇六（永正三年）八月五日　今川氏親書状写（静四〇六）
今川氏親、奥平貞昌に、来る十六日に三河国に出陣することを告げる。

「為其国（三河国）合力、来十六日諸勢可差越候、田原申合、」

⑥一五〇六（永正三年）九月二十一日　伊勢長氏（伊勢宗瑞）書状（静四一〇）
伊勢宗瑞、小笠原定基に、今川氏親に協力して、三河国今橋城を攻撃中である旨を知らせる。

「次当国（三河国）田原（戸田）弾正為合力、氏親被罷立候、」

⑦一五〇六（永正三年）九月二十七日、伊勢宗瑞の使者大井宗菊、小笠原定基への状で、今川氏親らの三河国出陣に触れる。大井宗菊書状（静四一三）「依駿州（今川氏親）・頭（豆）州（伊勢宗瑞）、田原（戸田）弾正為合力被罷立候」

⑧一五〇六（永正三年）十月十九日、伊勢宗瑞、小笠原定基への書状で、三河国今橋城を近く攻め落とすことを告げる。伊勢長氏（伊勢宗瑞）書状（静四一四）「当地事、今明日間可落居候間、」
あて小笠原左衛門佐（定基）殿　（伊勢）宗瑞

⑨一五〇六（永正三年）十月十九日、伊勢宗瑞、小笠原定基への書状で、三河国今橋城を近く攻め落とすことを告げる。伊勢長氏（伊勢宗瑞）書状（静四一四）「当地事、今明日間可落居候間、」

あて小笠原左衛門佐（定基）殿　（伊勢）宗瑞
⑩一五〇八（永正五年）十一月七日、三条西実隆、今川氏親・伊勢宗瑞の軍が
三河国に侵攻し、十月に敗戦したことを聞く。
『三河物語』（静四八八）
「伊勢宗瑞、駿河之国今川殿の明（名）代トシテ、駿河・遠江・東三河三ケ国一万
余にて西三河エ出る、遠江州ニハ宇豆山・浜名・堀江」
⑪一五一九（永正十六年）十一月一日　伊勢宗瑞死去八十八歳

第三章　今川氏親の出陣（第三期）

伊勢宗瑞を離れ、今川氏親の単独行動となって、それぞれの道をあゆみ始めます。時に、一五一
〇（永正七年）十一月一日のことで、伊勢宗瑞五十五歳、今川氏親三十八歳でした。
①一五一〇（永正七年）十一月一日、
朝比奈奏瀰、小笠原右京進らに、今川氏親が出陣し、翌日遠江国懸川に着くことを知らせる。朝
比奈奏瀰書状（静五二八）
「明日者懸河（掛川市懸川）へ可被出着候、」
あて大沢殿　小笠原右京進殿　朝比備　奏瀰（朝比奈奏瀰）

②一五一六（永正十三年）、この年、駿河国に侵攻し、同国勝山城を占拠する。
『王代記』（静六三六）
「丙子、永正（十三年）万力、九月二十八日合戦、駿河勢出、国中焼、八幡山・松本・七覚焼亡、曽祢之毛沢人取、勝山ヲキツキ、」

③一五一六（永正三年とあるも、永正十三年の誤り）
「甲斐武田次郎信縄兄弟不和ノ事アリテ牟鉾ニ及フ、加勢合力ノ事再三誘ヒケレハ、氏親、葛山・庵原・福島等ニ命シテ千余人差遣シ、甲斐国勝山ト云処ニ陣ヲ取ル」

④一五一六（永正十三年）三月二日、駿河国の軍勢、甲斐国より撤退する。
『鶴津山記』（静六四九）
「三月二日、二千余人、一人の恙もなくしそき、」

⑤一五一七（永正十四年）八月十九日、今川氏親、遠江国引間城に、斯波義達、大川内の軍勢と合戦する。

⑥一五一七（大永元年）二月二十七日、今川氏親の軍勢、甲斐国武田信虎の軍勢と同国上条に戦い、敗走する。
『王代記』（静七六五）
「辛巳、大永元、駿河勢二月二十七日ヨリ出張、十月、苻中（府中、甲斐国）飯田ニテ百余人討死

『塩山向岳禅庵小年代記』（静七八三）
「霜月二十三日酉刻、於上条一戦、駿河衆背軍福島一類討死、其外四千余人打死、残衆籠富田而越年、」
⑦一五一八（大永二年）正月十四日、甲斐国に侵入した今川氏親の軍勢、敗北して和を請い、帰国する。
『塩山向岳禅庵小年代記』（静七八九）
「同（正月）十四日、駿州勢、乞身命帰国、」
⑧一五二四（大永四年）八月二十六日、福島盛広等連署奉書写（静八四六）
宛尾上右京亮（正為）（長池）親能・（朝比奈）時茂・（福島）盛広
福島氏の三人は、福島助春・福島範能・福島範為です。
悲劇の将軍となったのは、一五二一（大永元年）十一月二十三日、山梨県上条河原（甲府市）で討ち死にした福島和泉守範為です。出陣したときには、合戦から五年以上遠ざかっており、高齢であったと考えられます。
ここで、福島範為の甲斐出陣にいたる背景を見てみますと、次のようになります。

第五十一部　福島範為の甲斐出陣の背景

第一章　今川氏親の近況

伊勢宗瑞を離れ、今川氏親の単独行動となって、それぞれの道をあゆみ始めます。時に、一五一〇（永正七年）十一月一日のことで、伊勢宗瑞五十五歳、今川氏親三十八歳のことであります。今川氏親にとっては、生涯の師と仰ぐ、伊勢宗瑞の影響が残っていたと考えられます。

第二章　今川軍大将朝比奈奏澌の死去

一五一一（永正八年）正月一日、**朝比奈奏澌死去**

今川氏の二番家老朝比奈奏澌は、戦功の多い武将であり、まさに、今川氏親側近の大将でありました。

一五一一（永正八年）正月一日、宗長、**朝比奈奏澌の三七日忌に、和歌百首を詠む。**

『述懐百韻』　屏山文庫所蔵　（静五三三二）

第三章　福島助春の死去

一五〇八（永正五年）十二月十九日　福島範為書状写に「昨日、左衛門尉（福島助春）駿州へ」

とあり、この頃から、記録が、なくなります。（静四六二）

第四章　人質武田八郎の解放

一五二一（大永元年）七月十五日、穴山武田信風（信懸の子）から今川氏親に人質として、出されていた武田八郎が、甲斐に返され、武田信虎（武田信直）にとって、心配事のひとつが、解決したと、言って良い状況になります。『今川氏親と伊勢宗瑞』

第五章　今川軍の出陣と敗戦

一五一七（大永元年）二月二十七日、今川氏親の軍勢、甲斐国に侵入し、武田信虎の軍勢と合戦する。

『王代記』（静七六五）

「辛巳、大永元、駿河勢二月二十七日ヨリ出張、十月、苻中（府中、甲斐国）飯田ニテ百余人討死

第五十二部　今川軍大将福島範為の討死

一五二一（大永元年）十一月二十三日　上条河原（甲府市）で合戦、討死します。

『塩山向岳禅庵小年代記』（静七八三）

「霜月二十三日酉刻、於上条一戦、駿河衆敗軍福島一類討死、其外四千余人打死、残衆籠富田而越年、」

第一章　福島範為の子孫

①福島範為―②北条綱成―③北条氏繁―④北条氏舜―⑤北条氏勝

玉縄城主　玉縄城主　玉縄城主　玉縄城主

今川軍大将福島範為の子供は、後の北条綱成です。北条綱成は、三代玉縄城主となります。綱成の子に、四代玉縄城主北条氏繁がいます。旧姓は、福島氏と言われています。

第二章　北条綱成

北条綱成の父は、一五二一年（大永元年）十一月二十三日、今川軍総大将として、甲斐武田信虎と上条河原（甲府市）で合戦し、討死した福島範為で、特に、北条綱成は、七歳、家臣と共に、小田原城主北条氏綱をたより、北条氏綱に養育されます。

北条氏綱・氏康に仕え、一五八七（天正十五年）五月六日に死去し、岩瀬の大長寺に葬られています。行年七十三歳でした。

第一節　福島正成

「鶴岡御造営日記」に載る北条孫九郎綱成の父は、一五二一（大永元年）十二月に討死しています。

北条綱成の名乗りは、養父北条氏綱の「綱」と、実父正成の「成」を合わせたものとされています。

『戦国大名後北条氏の研究』杉山博氏によります。

第二節　福島範為

北条綱成の父は、福島正成ですが、福島正成は、他の史料に見当たりません。そこで、

①一五二一（大永元年）十一月二十三日、今川軍総大将として、甲斐武田信虎と上条河原（甲府市）で合戦し、討死していること

②玉縄城主北条綱成の父は、今川氏三番家老の福島氏であったこと

③時宗僧侶「相阿」と交流が深かったこと

「相阿」は、福島範為の軍勢に同行し、終戦後、武田氏と交渉を続けて、生存者の駿河への帰還、遺体の収容に尽力しています。

これらのことを総合すると、北条綱成の父は、福島正成こと福島範為と考えられます。

第五十三部　遠江大福寺と遠江幡教寺

第一章　戸田憲光の遠江北原御薗支配

第一節　今川氏親の三河攻撃

一五〇六（永正三年）十月十九日　氏親、三河今橋城（豊橋城、愛知県豊橋市）に、牧野古白を攻め、牧野古白は自刃をします。

この戦いに、今川氏親方として、参加した戸田憲光は、今橋城及び北山御厨の一部を、今川氏親から与えられます。今川氏親は、三河進攻の足掛かりをえます。

第二節　戸田憲光の家系

戸田氏は、三河の田原城を拠点として、幾たびか、遠江に侵攻しており、斯波義達方として、今川氏に反抗もしています。

①戸田宗光—②戸田憲光—③戸田政光
　　　　　　弾正忠　　　右近尉

第二章　遠江大福寺の寺号変更

前記の今川氏親の三河攻撃で、一五〇六（永正三年）十月十九日　氏親、三河の今橋城合戦に勝利し、戸田憲光に今橋城と遠江北原御薗を与えますが、その時、「大福寺」の寺号を、「大福寺」から「幡教寺」に変更してしまいます。

第三章　幡教寺の初見と終見

第一節　幡教寺の初見

一五〇七（永正四年カ）八月十日、（福島）玄三書状　（今一九五）

「浜名殿へ雇陣夫之事、」

あて幡教寺御衆中　　（福島）玄三

第二節　幡教寺の終見

一五〇八（永正五年）八月二十一日、戸田憲光書状写　（静四五三）

「大福寺（幡教寺）の寺号、北原与申在所　従豆州（伊勢宗瑞）」

よって、大福寺が、戸田憲光に、幡教寺と変更されたのは、一五〇七（永正四年カ）八月十日から一五〇八（永正五年）八月二十一日までの一年間、あしかけ二年であったと考えられます。

第四章　北原山（浜松市北区三ケ日町只木）騒動

北原山は、北原御薗の一部と考えられ、大福寺の所領です。戸田憲光代官斎藤某が入り込み、乱暴を働いたとするもので、紛争になっています。

第五章　福島範能の対応

一五〇七（永正四年カ）十二月二十三日　福島範能書状に、「斎藤某、大福寺領北原山で、濫暴をする、同名左衛門尉（福島助春）留守」とあり、これは、大福寺から苦情があったことをもとに、書き記しています。あて実相坊　（静四四二）

第六章　戸田（田原）憲光の書状

一五〇八（永正五年カ）八月二十一日　戸田憲光書状写「大福寺の寺号・北原山の寄進について、伊勢宗瑞の意向であることならば、了解との趣旨」あて福島左衛門尉（助春）（静四五二）

第七章　福島助春の書状

一五〇八（永正五年カ）八月二十九日　福島助春書状　「戸田憲光の返事の委細は、福島玄蕃（福島範能）から申し候」（静四五〇）

第八章　戸田憲光のまとめ

一五〇六（永正三年）十一月三日　今橋城合戦で、今橋城主牧野古白は、自刃をし、戸田憲光と牧野古白の紛争は、終了します。

一五〇九（永正六年）、戸田憲光は、家督を嫡男戸田政光に譲り、田原城から河和城に移ります。戸田政光は、河和城から田原城に入り，親子の世帯交代が行われています。

一五一〇（永正七年）、当主の戸田政光は、今川氏親から離れ、敵対関係になります。

一五一三（永正四年）、十一月三日、戸田憲光は、河和城で死去します。

第五十四部　福島助春と福島範能

第一章　福島助春・福島範能の同行出陣

一五一〇（永正四年）十二月二十三日、遠江国蔵王城を、福島助春が攻略し、遠江国天方城を福島玄蕃允範能が、攻め落しています。

第二章　福島助春の名代、福島範能

福島範能は、福島助春の名代となって活躍しています。これらのことからして、二人は、兄弟かと考えられます。

①一五〇七（永正四年）十二月二十三日　福島範能書状　（静四四二）
②一五〇八（永正五年）正月五日　福島範能書状　（静四四五）
③一五〇八（永正五年カ）八月二十一日戸田憲光書状　宛名福島助春　（静四五二）

第五十五部　福島玄三と浜名三郎政明

福島玄三は、福島助春の名代として、浜名三郎政明宛に、書状を発出しています。当時、福島玄三と福島範能は、鵜津山城（湖西市）に、居城していた可能性があります。浜名城にいた浜名三郎政明とは、面談の機会も多かったと思われます。福島玄三の浜名三郎政明宛の書状は、一通で、もう一通は、宛名の書状で、浜名三郎政明に触れています。このような事から、北条氏の傘下で、福島玄三と浜名三郎政明は、きわめて良好な関係にあったと認められます。

第一章　福島玄三の書状（その一）

一五〇七（永正四年カ）、八月九日、福島玄三書状に、「宇津山城領員数之外者」とあります。宇津山城の御雇陣夫の処理事は、浜名三郎政明が行っていたようです。

文書のあては、浜名三郎（政明）となっています。

第二章　福島玄三の書状（その二）

一五〇七（永正四年カ）、八月十日、福島玄三書状に、「浜名殿へ雇陣夫之事」とあり、浜名政明が、鵜津山城領内の年貢を、差配したことが記されています。（今一九五）

第五十六部　和歌等をめぐる問題点

第一章　浜名備中守満政の年代

問題の記載は、『静岡県史資料編五中世二』に、載せる次の文書です。

一四一七（応永二十四年）「三十番神大奇（寄）進銘　浜名四郎左衛門尉満政振筆」としていま

すが、この年代は、
①一四四二（嘉吉二年）九月二十四日　浜名備中（満政）『康富記第一巻』
②一四四三（嘉吉三年）六月十八日 定元第連歌会に、浜名備中入道（満政）出席『康富記第一巻』
③一四四四（文安元年）三月十八日 浜名備中入道（満政）出席『康富記第二巻』
④一四五一（宝徳三年）四月摩珂耶寺仁王堂宮札銘
浜名備中法育（満政）（静二一二二）
⑤一四六八（応仁二年）　浜名備中法育（満政）『心敬僧都比登里言』
これらと、比べると、二十五年から三十年ほど時代は、下ると思われます。なお、四郎左衛門尉については、浜名詮政が、「備中四郎・四郎」を名乗っていますが、四郎左衛門尉を名乗る人は、見当りません。この大福寺文書は、遠江国大福寺の三月会・五月会を記載したものですが、記載者は、大福寺（浜松市北区三ケ日町）現住法印快雅で、一三一〇（延慶三年）から一四二九（永享七年）までの約百二十年間分を、まとめて一八二八（文政二年）に、整理・記録したとしています。

第二章　吾妻問答の注釈

『日本古典文学大系六十六連歌論集』岩波書店発行に、所載する「吾妻問答」です。この「吾妻問答」の二百九ページの浜名持政の頭注二十二に、「浜名備中入道法育の孫」とされていますが、こ

の解釈は、

①「浜名備中入道」と解するとすれば、これは、浜名持政ではなく、浜名満政のことになります。

②「浜名備中入道法育」に解すれば、これは、問題なく浜名満政のことをいいます。したがって、浜名持政のことではありません。また、浜名持政が、「備中守」を名乗ったことは、ほかの記録に見えません。兵部大輔から、兵庫助にしたと思われます。

③「浜名備中入道法育の孫」とすると、浜名政明の子、浜名忠正となってしまいます。

これらのことから、浜名持政の頭注二十二には、注意を必要とします。

第五十七部　浜名氏と「浜名史論」

ここで、『浜名史論』に載る「満政」・「持政」の和歌が、浜名満政・浜名持政であるかどうかを、検討してみたいと思います。

第一章　永享年間の和歌・連歌

一四三八（永享十年）　石清水社奉納和歌　満政

一四三九（永享十一年）　石清水社奉納和歌　満政
一四四一（永享十三年）　松尾社法楽百首　満政　『続群書類従第十四輯下』

この満政を『浜名史論』は、いずれも浜名満政としていますが、これは、「赤松満政」の間違いと思われます。『中世歌壇史の研究室町前期編』によりますと、一四三五（永享七年）五月二十二日の赤松満政三十三回忌詠法華経序品和歌から、一四四一（嘉吉元年）正月二十六日までの六年間、一四三六（永享八年）・一四三八（永享十年）・一四三九（永享十一年）・一四四〇（永享十二年）・一四四一（永享十三年）に和歌・連歌を詠んでいます。赤松満政は、室町幕府の取次衆として活躍しています。赤松一族の、分家の春日部氏の当主です。

一四四五（文安二年）一族の有馬元家に攻められ、亡くなっています。

第二章　『桂宮本叢書第十八巻』の持政・満政

「一四三三年（永享十二年）二月十一日に、北野社一万句会が開催されたことが記されています。

その中に、浜名兵庫助持政と赤松播磨守満政の句が、載せられています。

あり明のつきは寒きに年越て　**持政（浜名と添え書き）**
のとかなる日本てらす宮居哉　**満政（赤松播磨守と添え書き）**
春とふく松の嵐もおさまりて　**満政（赤松播磨守満政）**

『浜名史論』では、第二章の「満政」を、浜名満政としていますが、これも、明らかに、「赤松播磨守満政」のことと思われます。

第三章　『新続古今和歌集』

新続古今和歌集は、一四三八（永享十年）に完成しています。ここでは、新続古今和歌集に載る歌番号「八百九番」に、

万代（よろづよ）と岩根（いわね）をめぐる流れまで静かにすすめる庭の池水　源満政

とあり、これを『浜名史論』では、浜名満政としていますが、

一四三九（永享十一年）二月十一日　石清水社奉納百首　満政
一四四一（嘉吉元年）松尾社奉納百首　満政

からしても、これは、赤松満政でありましょう。

同じく、新続古今和歌集の「二千二十七番」には、

山深く水のながれをたづねてぞこの世の外の所をも見し　源詮政

この「源詮政」を、『浜名史論』では、浜名詮政としています。『新続古今和歌集』の「人名一覧」では、斯波詮政としていることからしても、検討の余地がありそうです。

第四章　『新後拾遺和歌集』

新後遺和歌集は、一四三八（永享十年）の成立です。

歌番号「六百九番」

初瀬山のあたりはさやかにてよそより暮る〻入相の鐘　源詮政

同じく新後遺和歌集の歌番号「七百六番」

静かなる心は今や結ぶ手の岩間の水ぞ身さへ涼しき　源詮政

『浜名史論』では、浜名詮政になっていますが、新後遺和歌集の人名一覧に、源詮政は、「浜名（源）詮政」としています。「源詮政」は前記『新続古今和歌集』のように、斯波詮政とする書もあります。

第五章　『梵灯庵返答書第二奥書』

『浜名史論』では、浜名備中入道の孫を、「浜名兵庫助持政」としていますので、このことについて検討してみたいと思います。浜名氏で、「備中守」を最初に官途名としたのは、浜名詮政です。

『迎陽記』一三八〇（康暦二年）四月二十八日条に、浜名左京亮詮政が、浜名左京亮詮政から浜名備中守詮政に替わっています。浜名兵庫助持政は、浜名備中守満政の誤りと思われます。すなわち、第二代浜名備中守詮政・三代浜名兵庫助持政・四代浜名備中守満政ということになります。浜名満政からみれば、祖父二代浜名備中守詮政・父三代浜名兵庫助持政・子四代浜名備中守満政ということになりましょう。

第四巻

全国の浜名氏の活動拠点

第五十八部　全国の浜名氏

第一巻で、奈良・遠江の浜名氏を、第二巻で、鎌倉・小田原の浜名氏について書いておりますので、この第四巻では、関東・京都・遠江・常陸・相馬・江戸・富津及び第六十部御嶽山・第六十一部白岩山長谷寺・第六十二部石楯尾神社の浜名氏を扱うことにします。なお、繰り返し部分もあります。

第一章　関東の浜名氏

第一節　浜名氏息女

浜名氏息女の父親は、関東浜名右馬允資家法師で、役人として、勤務しています。

一二八七（弘安十年）浜名右馬允実家法師女とあります。

夫になる人は、名門の橘氏一族で、橘邦良です。子供は、二人で、橘邦方と、橘以益です。

第二節　橘邦良の家系

三河守　　三河守

正五位上　正五位下　正五位下

①橘邦康――②橘邦良――③橘邦方

＝

邦良室

関東浜名右馬允実家法師女

『群書類聚第四輯』

関東浜名右馬允資家法師女の次男左近将監橘以益は、一二八七（弘安十年）に、六位に、任官しています。任官時の年齢は、十九歳です。

左近将監橘以益の父親（橘邦良）は、故右馬允正五位下で、祖父（橘邦康）は、故左馬権頭で、正五位上となっています。

橘一族の家系は、正四位止まりが、多いようです。橘邦康の家系は、三河守を名乗り、左馬頭となっていますので、橘以益も左馬頭を継いだと思われます。

第二章　京都の浜名氏

　京都の浜名氏一族の浜名三河守一四三四（永享六年）六月二十五日の『満済准后日記』に載せる、連歌会に出席し「浜名。三河。」と記されたのは、京都の浜名氏の一族である「浜名三河守」と認められます。この一族は、六件ほど記録に、「浜名三河守・浜名三河入道・参河守」と載りますが、いずれも実名が分かりません。五代ほどが「浜名三河守」を名乗ったようです。室町幕府の取次役として、活躍しています。

　浜名三河守は、山城国（京都）を拠点とする京都浜名氏の一族となりますが、時の将軍足利義詮の弟で、歌人でもある「足利満詮」に仕えました。「足利満詮」は一三六四（貞治三年）五月に、兄足利義満の弟として誕生し、一四一八（応永二十五年）五月十四日、逝去しています。時に、贈左大臣従一位、そして養徳院を追号されます。足利満詮は和歌に優れ、応永年間の歌会に、五回出席したことが『満済准后日記』に記されています。また、「元来穏やかな性格のようで、一四〇三（応永十年）権大納言となり、間もなく出家した」とされています。

第一節　足利満詮の歌会出席と奉公衆浜名三河守

①一四一四（応永二十一年）三月五日　　於小川殿御歌会在之

②一四一四（応永二十一年）七月二十三日　　於小川殿御歌会令参了

③一四一五（応永二十二年）二月四日　小川殿御歌会
④一四一五（応永二十二年）七月二十三日　於小川殿御歌会令参了
⑤一四一五（応永二十二年）八月二十三日　小川殿御歌御会

ここの、「小川殿」は、足利満詮のことです。

⑥一四一八（応永二十五年）五月二十二日条に「養徳院殿御遺骨一分事」とあり、
⑦浜名三河入道（沙弥判浜名三河入道）の記載があります。高野山安養院に、養徳院（足利満詮）の御分骨を納めた時のものです。浜名三河入道は、哀悼の意を尽くしたことでしょう。

第二節　浜名三河守の記録

浜名三河守の六件の記録は、次の通りとなります。

①一三五八（延文三年）十二月十八日　将軍足利義詮　御陣警護二十五人　浜名三河守　『宝篋院殿将軍宣下記』
②一四一八（応永二十五年）五月二十二日　養徳院（足利満詮）殿御分骨、高野山に　沙弥判　浜名三河入道　『蔭涼軒日録第一巻』
③一四三〇（永享二年）五月十二日　沙弥浜名三河入道　『蔭涼軒日録第一巻』
④一四三四（永享六年）六月二十五日　公方様御法楽　浜名三河入道『満済准后日記』
⑤一四五四（享徳三年）正月月二十五日　参河守　『康富記第四巻』

⑥一四五五（康正元年）十一月十八日　　参河守『康富記第四巻』

第三章　遠江の浜名氏

第一節「吾妻鏡」の浜名左衛門三郎

鎌倉幕府の政所武士として活躍した、遠江の浜名三郎の記録が「吾妻鏡」に、二件が載せられています。

①一二四八（法治二年）十二月十日　　御方違えの儀　浜名左衛門三郎
②一二五一（建長三年）八月十五日　　鶴岡八幡隅、放生会　浜名三郎

第二節　宗尊親王と浜名三郎

宗尊親王が、一二五二（建長四年）三月二十四日の下向時に、浜名三郎が、橋本宿に宗尊親王を、お迎えしたことができたか。『吾妻鏡』に載る、浜名三郎の動向に、一二四八（宝治二年）十二月十日、将軍家御方違の儀　歩行　浜名左衛門三郎一二五一（建長三年）八月十五日、鶴岡八幡宮の放生会　御車　浜名三郎とあり、崇尊親王の下向の一二五二（建長四年）三月二十四日には、浜名三郎の一二五一（建長三年）八月十五日の放生会参加から、七か月後のことではありますが、不明としかないと思われます。また、一二六六（文永三年）七月の帰京時の、宗尊親王を、浜名三郎は、お見送りできたか、一二五一（建長三年）八月十五日の放生会から、十五年後のこととなり、お見

送りは、出来なかったであろうと思われます。宗尊親王の帰京時の句に、浜名橋をすくとて、

いりうみのはまなのはしに日はくれて　あきかぜわたるうらの松原

と詠まれています。

第三節　浜名神戸香王（静一三八四・一四〇五）

①一二八二（弘安五年）二月九日　伊勢神宮、浜名香王に、大福寺の検断免除を通知

②一二八四（弘安七年）三月六日　伊勢神宮、大福寺と摩訶耶寺の論争の調停を依頼

第四節　浜名加賀守入道沙称仍海

一三六七（貞治六年）三月二十三日　新玉津島神社歌合わせに出席、主賓足利義詮

第五節　浜名詮政

①一三六七（貞治六年）三月二十九日　足利義詮、伊豆国三宅島・相模国村岡の替地として伊勢国河辺・伊勢国霜野御厨の地を給与します。『群書類従第十六輯』

②将軍足利義満の側近浜名詮政は、関白二条良基との連絡役を務めます。二条良基は、将軍足利義詮に、宮中行事・連歌の教えを申し入れます。

一三八〇（康暦二年）四月二十三日　二条殿歌会の開催

大樹（足利義詮）出席、近習筆頭に、浜名詮政とあり、ほかに彦部伊豆守秀定、真下真左衛門尉詮広がいます。

③浜名左京亮詮政から浜名備中守詮政へ

一三七九（康暦元年）正月三日

浜名左京亮詮政から、

一三八〇（康暦二年）四月八日

浜名備中守詮政までの、一年三か月の間に、備中守になります。

第六節　浜名持政

一四三七（永享九年）十月八日

大福寺に、岡本郷からの十二神寄進米を受け取るよう伝達をします。弟に、奉公衆浜名与一がいます。（静一九三六）

第七節　浜名満政

一四四四（文安元年）～一四四九（文安六年）

文安年中御番帳（浜名満政）『群書類従第二十九輯』に載ります。

第八節　浜名政明

一四八七（長享元年）九月十二日

『常徳院殿様江州御動座在陣衆着到』

三番衆　浜名三郎政明

『群書類従第二十九輯』

第四章　常陸佐竹義篤室の浜名氏

第一節　佐竹氏三代

初代佐竹義篤（常陸那珂）を拠点として活躍。

二代佐竹義昭（常陸那珂）から水戸に移す準備をします。

三代佐竹義重（常陸那珂）から水戸に拠点を移します。

常陸那珂から水戸への移転は、常陸に侵攻する北条氏への対抗上とられた処置であったと認められます。

第二節　小場氏一族

第十七代藩主佐竹藩主佐竹義篤室浜名氏（佐竹義篤の子、佐竹義躬の母）
佐竹藩主佐竹義篤所領譲状
一三六二（康安二年）正月七日　　小場義躬（佐竹義躬）
那珂西小場村（小庭村）他五か所
同じく、『佐竹義篤所領譲状』に、
一三六二（康安二年）正月七日　　京御方（佐竹義躬の母）
那珂西中泉村（常北町）一期分、没後は、小場義躬（佐竹義躬）の知行とあります。

第五章　相馬氏家臣の浜名氏

浜名神戸司の大中臣氏が、浜名出雲に名前を代え、陸奥国相馬郡小高城主相馬義胤に、仕えたとあります。この一族が、浜名氏の発展に、尽くしたことでしょう。『湖西の文化　第三十六号』によります。

第一節　『在郷給人御支配帳写』に見る浜名氏

一六六九（寛文八年）九月、相馬藩の『在郷給人御支配帳写』に、「高十弐石　柏崎村　浜名吉右衛門　高十弐石　柏崎村　浜名喜兵衛」とあります。

第二節　『相馬藩求人名簿』に載る浜名氏

一七七七（安永六年）の『相馬藩求人名簿写』に、八名の浜名氏の記載があります。「宇陀郡中村浜名、同郡小野村浜名、同郡黒木村浜名、同郡初野村浜名、上郡上栃窪村浜名、同郡蝦村浜名、同郡牛川田村浜名、上郡金沢村浜名」これら八名の浜名氏は、給主として、領地を納めていたと思われます。

第六章　江戸（江戸城）の浜名氏

『江戸幕府諸藩人名総鑑』文化武鑑に、

①浜名友栄　奥坊主衆・御用部屋坊主

②浜名友円　奥坊主衆

とあります。

第七章　上総国富津の浜名氏

上総国富津の浜名氏は、三浦半島の三崎城・三崎港を拠点に活躍した「三浦和田氏の一族で、三浦和田茂実室「浜名尼」とあるように、「浜名尼」の後裔と考えられます。「三浦和田氏」の一族には、他に北条水軍の雄「山本氏一族」及び海賊「三浦十人衆」がいます。上総富津の浜名氏については、第六巻で、触れております。

第八章　武州御嶽山神社（東京都青梅市）の浜名氏

第一節　浜名氏と蔵王権現

一二五六（建長八年）　大中臣浜名国兼、鐘を作り、蔵王権現を開く

一三七九（永和四年）　浜名兼誹尚方記録

第二節　武州御嶽山神社（蔵王権現）の開山

一三五二（観応三年）五月九日　今川範国奉書　上野国榛名山執行職並寺領三藏事とあり、榛名山が鎌倉幕府の統治下に置かれていることが、わかります。

一三一五（正和四年）十一月二十七日　壬生氏女楼門の修理

一三三八（建武五年）三月十一日　銅製鰐口武蔵国金剛蔵王権現鏡

一三六九（応安二年）　令山俊翁明極当山で経典を被読
一三七八（永和四年）　大般若経奥書杣保御岳金峯山蔵王権現霊社
一三七九（永和五年）　安楽寺蔵大般若経の奥書杣保成木郷
一三七九（永和五年）　延命地蔵胎内銘杣ノ保藤橋
一四一八（応永二十五年）九月二十九日　三田朝貞氏による杣保長淵郷内の地が法林寺に寄進
（法林寺文書）
一五一一（永正八年）十一月　御嶽神主浜名左京亮重頼は、三田弾正忠氏宗及びその息政定・顕昌・秀長を檀那として、鎌倉仏所下野法橋弘円により、世尊寺に安置する、本地釈迦如来像を修理
一五一二（永正九年）　延命地蔵胎内銘杣保藤橋
一五二一（大永元年）　天寧寺鐘銘に、杣保小曽木郷
一五二一（大永元年）　金剛寺画像修理銘杣保青梅村
一五九一（永正十九年）十一月　御岳権現　朱印三十石　青梅金剛寺　二十石
一五九六（慶長元年）十一月三十日　亡浜名刑部国胤　〃

第三節　『新編武蔵国風土記稿』に見る武州御嶽山神社

御嶽山社頭由来記の内容

ここでは、御嶽山社頭由来記を背景として、まとめておきます。

①行基菩薩

七三六（天平八年）　行基菩薩、蔵王権現の像を作る

「聖武天皇の御字、行基菩薩に命を奉じて東国に下向、蔵王権現の像を彫り、これを安置せり」

②源頼朝公の参拝

一一八六（文治二年）十二月一日　奉納源頼朝公　神主浜名氏『武州御嶽山文書第一巻』

③浜名氏に改姓

一二三四（文暦元年）三位大仲臣国兼、後年苗字を浜名と改称

④武州御嶽山神社の開山

一二五一（建長三年）散位大仲臣国兼（浜名国兼）金剛蔵王権現の金銅像鋳造　武州御嶽神社を開山

⑤浜名左京亮の死亡

一二五五（建長七年）二月十一日「浜名左京亮兼胤大中臣吉郷　高良山に登り、昇天せり」

⑥武田信玄と北条氏邦の御嶽神社合戦

一五六九（永禄十二年）九月十日　北条氏邦書状　宛山吉孫次郎

「武田信玄九月九日、御嶽へ取懸候之處、敵百余人討取候」とあって、御嶽神社合戦を伝えています。

第四節　「御嶽山神社社頭由来記」の記載

ここでは、『新編武蔵風土記稿』を基本とし、一六二二（元和八年）九月の社頭由来記に、したがって述べておきます。

①壬生氏女が、金峯山槌鐘を奉納
一三〇七（徳治二年）十一月二十七日　御嶽金峯山槌鐘奉納鐘銘　大檀那壬生氏女納之

②壬生氏女が、金剛蔵王権現の金剛像を鋳造し、楼門修理、釈迦像・仁王像を建立
一三一五（正和四年）二月十一日

③武州御嶽神社刊本大般若経奥書
一三二九（嘉暦四年）二月

④武州御嶽神社の銅製鰐淵の記銘
一三三八（建長五年）二月十一日

⑤大仲臣氏女
一三四二（康永元年）六月二十八日　高幡金剛寺不動尊光背銘（修復）

⑥武州御嶽神社五輪塔記銘
一四九二（延徳四年）二月十五日

⑦仏像修理札　浜名左京亮重頼家中女

⑧一五一一（永正八年）十一月二十日　　「神主浜名左京亮重頼家中女」
⑨一五四九（永正元年）二月十一日卒
⑩一五七〇（元亀元年）八月二十二月　　亡神主御岳国吉
⑪一五九六（慶長元年）十一月三十月　　亡浜名刑部国胤
⑫一六〇〇（元和八年）九月浜名左京亮兼胤大中臣吉郷

第五節　大中臣国兼浜名

一六二二（元和元年）の元和八年縁起

ここでは、一六二二（元和元年）の元和八年縁起を、見てみます。

大中臣国兼浜名は、承久の乱に敗れ、旧領遠江国浜名民部の家に隠れ、一二二九（寛喜元年）諸国巡行に出ます。その後、武州御嶽山神社に至り、一二五五（建長七年）二月十七日、昇天したとあります。浜名民部の家に隠れていた時に、大中臣国兼浜名と名乗ったとしています。

第六節　浜名民部丞

元和八年縁起（元和八年社頭由来記）の記載

浜名左京亮兼胤大中臣吉郷「三位大仲臣己国兼、己が旧跡なりし，遠江国の住人浜名民部丞の家に隠れ、浜名を以て氏とせり」

第七節　『武蔵史料銘記集』に見る史料

蔵王権現（御嶽神社）に、次の神宝が記されています。蔵王権現（御嶽神社）の、発展期を示しています。

①一三〇七（徳治二年）十一月二十七日　御嶽金峰山鐘銘大檀那壬生氏女納之
②一三二九（嘉暦四年）二月　御嶽神社刊本大般若経奥書
③一三三八（建武五年）三月十一日　鰐口
④一三四〇（暦応元年）五月六日　刊本大般若経奥書
⑤一三四二（康永元年）六月二十八日　高幡金剛寺不動尊光背銘大中臣氏女
⑥一三七八（永和四年）十月二十五日　御嶽神社刊本大般若経奥書
⑦一三七九（永和五年）十月　安楽寺蔵大般若経奥書巻四八四の奥書　杣保成木郷
⑧一四九二（延徳四年）二月十五日　五輪塔　高サ六十九・五センチ
⑨一五一一（永正八年）十一月二十日　仏像修理札・神主浜名左京亮重頼家中女
⑩一五一八（永正十五年）二月六日　宝篋印塔
⑪一五三三（天文二年）三月二日　棟札銘
⑫一五五八（弘治四年）二月六日　太刀（長さ三尺九寸）
⑬一五九〇（天正十八年）十月　池上本門寺法華経板木　板木願主両山法嗣日惺

池上本門寺・鎌倉妙本寺両山十二世で松山城主（上田憲定）の一族とされています。

⑭一五九九（慶長四年）五月　石灯篭　高サ四十八・五センチ
⑮一六〇六（慶長十一年）九月十一日　木製鏡台
⑯一六〇六（慶長十一年）十一月　銅釣灯篭
⑰一六一〇（慶長十五年）九月九日　鉄製俵型賽銭箱　武州杣保郷　金峯山神主　浜名助六郎
吉胤代当国柏原大工神田図書

第八節　『東京都の地名』に見える史料

①一二五一（建長三年）三位大中臣国兼胤が金剛蔵王権現の金銅像を鋳造
②一三〇〇（正安二年）三田朝貞により乗願寺が創建
③一三〇八（徳治二年）十一月二十七日　奉鋳金峯山寺槌鐘銘に壬生氏女奉納
④一三一五（正和四年）十一月二十七日　壬生氏女楼門の修理
⑤一三一五（正和四年）十一月二十七日　壬生氏女楼門の修理
⑥一三三八（建武五年）三月十一日　銅製鰐口武蔵国金剛蔵王権現鏡
⑦一三六九（応安二年）令山俊翁明極当山で経典を被読
⑧一三七八（永和四年）大般若経奥書杣保御岳金峯山蔵王権現霊社
⑨一三七九（永和五年）安楽寺蔵大般若経の奥書杣保成木郷

⑩一三七九（永和五年）延命地蔵胎内銘杣ノ保藤橋

⑪一四一八（応永二十五年）九月二十九日 三田朝貞氏による杣保長淵郷内の地が法林寺に寄進（法林寺文書）

⑫一五一一（永正八年）十一月 御嶽神主浜名左京亮重頼は、三田弾正忠氏宗及びその息政定・顕昌・秀長を檀那として、鎌倉仏所下野法橋弘円により、世尊寺に安置する、本地釈迦如来像を修理

⑬一五一二（永正九年） 延命地蔵胎内銘杣保藤橋

⑭一五二一（大永元年） 天寧寺鐘銘に、杣保小曽木郷

⑮一五二二（大永元年） 金剛寺画像修理銘杣保青梅村

⑯一五九一（永正十九年）十一月 御岳権現 朱印三十石 青梅金剛寺 二十石

⑰一五九六（慶長元年）十一月三十月 亡浜名刑部国胤 〃

第九章 上州榛名白岩山長谷寺の浜名氏

第一節 白岩山長谷寺の浜名左衛門義尊死去

一四一七（応永二十四年）四月十八日 浜名左衛門義尊没する。上野国車馬群白岩村字大門の白岩観音の墓地に、浜名左衛門義尊のお墓があります。南北朝の時、吉野方に忠勤を励みました。しかし、足利氏の勢威が猖獗（しょうけつ）を極めたので、久留馬村に隠匿して、沙門となり、覚欣

権律師と改称したとしています。浜名氏の祖先である。浜名左衛門義尊は、もと遠州浜名郡の人であったからであるとしています。白岩観音堂は、行基菩薩が建立したとしています。

第二節　世無道上人による堂宇の建立

一五七一（元亀二年）に、現在の白岩観音堂の堂宇を完成させたのが、世無道上人です。世無道上人は、一五八二（天正十年）十一月二十四日に没しています。浜名左衛門義尊と同じく、白岩観音の墓地に、お墓があります。墓碑銘は、千八百三十一（天保二年）十一月に、浜名豪巌が、灯篭一基とともに、建立したとされています。

白岩観音本尊　十一面観世音菩薩　平安中期の作

前立の十一面観音　十四世紀前半

一二九〇（正応三年）　上野国利根荘内白根春名権現　梵鐘

一三二三（元亨三年）　上野国車馬郡満行権現御宝前春名神　鉄灯篭

を載せています。『久留馬村誌』

第十章　相州石楯尾神社の浜名氏

相州石楯尾神社（名倉権現）の浜名氏は、

一五〇三（文亀元年）　再造棟札銘

大和国春日大社神主監物大夫信近、一一八二（寿永元年）正月、名倉権現に下向、同行者浜名太郎左衛門以下七名とあります。

石楯尾神社（名倉権現）は、奥三保十八カ郷の鎮守で、津久井城主内藤氏の所領となっています。内藤氏は、①内藤朝行―②内藤康行―綱秀の三代にわたって奥三保十カ郷を領地としています。井上図書・弟井上三郎左衛門は、津久井城主内藤氏の家臣だったと考えられます。

第五十九部　東大寺大仏の建立

第一章　行基菩薩の大仏建立

行基菩薩は、奈良県薬師寺の僧で、俗性は、高志氏でした。六六七（天智六年）河内の大島郷（大阪府）で誕生したと伝えられています。なお、聖武天皇は、供養のために、四百人の僧を出家させています。行基菩薩は、七二一（養老五年）に、奈良菅原寺を建立し、七四九（天宝勝宝元年）二月、菅原寺で、入滅。八十二歳と伝えます。行基菩薩は、畿内に、四十九のお寺を建立されています。聖武天皇から東大寺大仏の造立の勧請を受け、大仏の建立に成功しています。

第一節　大仏建立の詔

①七四三（天平十五年）十月十五日　菩薩の大願を発して、盧舎那仏の金銅像一体をお造りする旨の詔を発します。

②七四三（天平十五年）十月十九日　聖武天皇は、紫香楽宮に行幸され、甲賀寺に大仏の体骨柱を建てる準備をされます。この時、行基菩薩は、弟子たちを率いて、ひろく民衆に参加を勧誘しています。

③行基菩薩は、薬師寺の僧で、俗性は、高志氏で、和泉国（大阪府）の人でした。聖武天皇は、供養のために、四百人の出家をさせています。

第二節　八幡大神(宇佐神宮)の託宣

七四八（天平勝宝元年）十一月十九日　八幡大神（宇佐神宮）が、託宣して、京に向かいます。託宣は、豊前国宇佐郡に鎮座する広幡の『八幡大神』が仰せられるには、「神であるわれは、天神地祇を率い誘って、必ず造仏を成就させよう」とするものでありました。聖武天応は、大神に冠位を献上します。尼杜女に、従四位下を、主神司朝臣麻呂に、外従五位下をそれぞれ授けます。

七四八（天平勝宝元年）十二月二十七日　八幡大神（宇佐神宮）の祢宜尼・大神臣杜女が、東大寺を参拝します。八幡大神（宇佐神宮）は、神仏習合の神様の発祥の地と、されています。東大寺では、これを称え、境内に、「手向山八幡」を造立し、『僧行八幡神座像（秘仏）』を祀ります。毎年十月五日に、『転害会』を開催しています。また、毎月一日には、『八幡殿』に、八幡殿寺役として、特殊なお経「バラバラ心経」を唱えます。

第三節　大仏の建立

七四三（天平十五年）十月十五日　菩薩の大願を発して、盧舎那仏の金銅像一体をお造りする旨の詔を発します。

七四三（天平十五年）十月十九日　聖武天皇は、紫香楽宮に行幸され、甲賀寺に大仏の体骨柱を建てる準備をされます。この時、行基菩薩は、弟子たちを率いて、ひろく民衆に参加を勧誘しています。

第四節　大仏開眼

七五二（天平勝宝四年）四月九日に、大仏開眼は、孝謙天皇によって、執り行われました。導師は、菩提僊那導師（インド僧）が努めています。

第二章　行基菩薩と修験道

行基菩薩は、修験道の祖ともいわれ、修験道のネットワークを利用し、黄金ばかりでなく、銅・漆・鉄等の資材の調達に、努力しています。それは、聖武天皇の「一枝の草、一握の土」すなわち、一本の草でも、一握りの土（ひじり）でも持ち寄り、大仏づくりを手伝いたい人に手伝って貰うという、民衆の寄進に、力を注いでいる表れです。

行基菩薩の名は、官からの受命ではなく、河川の改修・ため池の造成・橋の設置など民から感謝の気持ちで、呼んだのが、始まりと言われています。四十九の院、布施屋を建立しています。七四五（天平十七年）正月二十七日、聖武天皇から行基に、「大僧正」の位を授与されています。時に、行基菩薩七十八歳でした。

第一節　修二会の伝統

七五二（天平勝宝四年）四月二日　良弁の弟子実忠和尚によって、始められました。修二会は、すべて、氏子の寄進によって執り行われます。修二会は、お水取りともいって、松明がたかれるのが、特徴です。松明は、名張市伊賀一ノ井地区の人びとによって用意されます。一ノ井松明講長杉本隆さんは、「今年で、七七二回目です」と話します。修二会は、毎年旧暦の二月一日に行われていましたが、現在は、三月一日から三月十五日まで実施しています。

第二節　四聖御影（永和本）

左前列　良弁僧正（初代別当）　左後列　聖武天皇

右前列　行基菩薩　　右後列　菩提僊那導師（開眼導師）

とあって、行基菩薩は、永和年代一三七五（永和元年）～一三七九（永和四年）になっても、東大寺から、破格の地位を与えられています。『東大寺過去帳』も同じです。

第三節　『東大寺神明帳』

第一番　奈良・金峯大菩薩初めに、神と仏があって、後に両方を合わせた修験が存在するという考え方に基づいているようです。奈良・金峯山寺は、修験一番の寺として有名です。

第四節　『二月堂過去帳』

第一聖武皇帝　第二聖日皇大后宮　第三光明皇后　第四行基菩薩　第五孝謙天皇と、天皇家と同格に並んで、行基菩薩は載せられています。

第五節　行基菩薩と喜捨

行基菩薩の喜捨を受け入れる考え方は、『一枝の草　一肥（ひとにぎり）の土（ひじ）』「ひとえだの草といえども、一握の土といえども」、大切にするということを表す言葉とされています。貧しい人々からの喜捨を、大切にしていることが分かります。行基菩薩は、大仏造立のため、延べ二百万人からの喜捨を受け入れています。驚愕する出来事です。

第六節　行基菩薩の和歌

『図書寮叢書』（夫木和歌抄五）の、一五五二一番に載っています。

むすひあくる君か玉もの光見は　さやけき月の影そ〻ふらん

第七節　行基菩薩の終焉

七四九（天平感宝元年）奈良・菅原寺で、入滅（八十二歳）

第五巻

浜名氏の寄進・年代・歴代

第六十部　遠江浜名氏の寺社への寄進状況

浜名氏の寺社等への寄進は、一三七二（応安五年）二月十五日の、浜名仍海から一五七五（天正三年）二月十七日　浜名時成までの約二百年間です。浜名氏五人で、総計は、八件となります。浜名加賀守仍海の寄進状は、浜名氏の文書の中では、一番古いもので、宝篋院殿（足利義詮）の御菩提の供養を祈念しています。源政信（浜名五郎政信）の寄進状には、長寿寺殿（足利尊氏）・瑞泉寺殿（足利基氏）・桂山大禅定門（上杉憲顕）の追善供養をしておりますので、浜名氏は、室町幕府内でも、高い地位に、あったと考えられます。浜名氏一族で、寺社に寄進した記録は、初代浜名仍海・浜名五郎政信・三代浜名持政・五代浜名政明・浜名豊後守時成の五名となります。寄進の多いのは、五代浜名政明の五件となります。次に、時代順に記してみます。

第一章　浜名加賀守仍海

一三七二（応安五年）二月十五日　武蔵国平間郷知行半分を、宝篋院殿（足利義詮）御菩提を祈念し、円覚興聖禅寺に、寄進をいたします。（神四九九六）

第二章　浜名五郎政信

一三八五（至徳二年）十一月六日　上野国園田御厨内東村上村の亡父（朝経）勲公の地、長寿寺殿（足利尊氏）・瑞泉寺（足利基氏）御菩提、桂山大禅門（上杉憲顕）御提提の為、円覚寺大義庵へ寄進するとあります。（神四九九六）

没年をみますと、足利尊氏一三五八（正平十三年）、鎌倉公方足利基氏一三六七（貞治六年）、上杉憲顕一三六八（応安元年）となっています。浜名朝経の没年は、わかりませんが、上杉憲顕一三六八（応安元年）に近かったと思われます。このことの背景には、一三四九（貞和五年）鎌倉の足利義詮が上洛し、京都の足利基氏が鎌倉に下向した時に、足利基氏に同行した者の中に、上杉憲顕・浜名朝経がいたことにあったと思われます。

なお、この文書は、室町から戦国時代の古河公方の特徴である、闕字で作成されている一事例として、掲げられています。『中世東国の権力と構造』

第三章　浜名兵庫助持政

一四〇二（応永九年）九月十六日　伊勢国内朝明郡内霜野御厨を伊勢神宮へ寄進する。（神四九九六）

第四章　浜名備前守政明

①一五一三（永正十年）十二月二十六日　遠江国浜名神戸贄代郷の八王子社に、神田を寄進します。

②一五一五（永正十二年）八月二十一日　浜名政明寄進状
大福寺岡本郷御影米寄進

③一五〇四（永正元年）から一五二〇（永正十七年）九月　浜名政明寄進状写
大福寺田地八反二畝を寄進

④一五〇四（永正元年）～一五二〇（永正十七年）九月
浜名政明寄進状写
大福寺田地八反弐畝を寄進

⑤一五二五（大永五年）三月　浜名政明寄進状
大福寺岡本郷内の畑坂二反を寄進

⑥一五四四（天文十三年）十一月十八日　大福寺寺領目録案盛繁（浜名政明）寄進田地之事

第五章　浜名豊後守時成

一五七五（天正三年）二月十七日（相模国）三浦森崎郷永代買得しましたので、子孫繁昌を願い、御寄進いたします。普代旦那浜名豊後守時成（花押）

大巧寺御能化　参（戦北一七六七）

第六十一部　足利将軍家と奉公衆浜名氏

第一章　足利将軍家と浜名氏一族

第一節　足利尊氏

浜名加賀守仍海が、一三六七（貞治六年）三月二十三日　足利尊氏によって、連歌の会が新玉津島社で催され、浜名加賀入道沙弥仍海が、同席されています。新玉津島社歌合の出席者は、足利尊氏の恩顧の人が集められており、足利尊氏の戦勝会ともいわれている貴重な会合です。

第二節　足利義詮

浜名加賀守仍海が、足利義詮の菩提を祈って、相模国丸子保平間郷半分を、鎌倉円覚寺に寄進しています。又、浜名備中守詮政は、近習筆頭として、足利義詮・足利義満に仕えています。

ほかに、一三五八（延文三年）十二月十八日　将軍足利義詮　御陣警護二十五人　浜名三河守『宝篋院殿将軍宣下記』とあり、足利義詮の近習に、浜名三河守がいます。この浜名三河守は、一三四九（貞和五年）十月三日　足利義詮に随行して、鎌倉から京都に上京した浜名氏の一族で、浜名氏総領家あるいは、浜名氏の二郎の系統の可能性があります。

第三節　足利義満

浜名備中守詮政・浜名兵庫助持政及び浜名与一が、仕えています。足利氏・浜名氏の全盛時代を迎えます。

第四節　足利義持

浜名兵庫助持政と弟の浜名与一が、仕えています。浜名持政は、浜名氏の中で唯一人、従五位上に叙せられています。

一四二一（応永二十八年）正月六日　細川満元家月次会に、浜名兵部大輔として参加しています。

第五節　足利義材

浜名氏第五代浜名三郎政明が、仕えています。一四八七（長享九年）九月十二日『常徳院御動座当時在陣衆着到』の第五番に「遠州浜名三郎政明」とあります。今川家は、第一番に、三名の記載があります。この時期、浜名三郎は、今川氏と対等に並んでいます。

浜名氏一族は、足利尊氏・足利義詮・足利義満・足利義持・足利義材の将軍家五代及び足利義詮の弟足利満詮に、仕えていたことが分かります。

第六節　足利尊氏・足利基氏・上杉憲顕

一三八五（至徳二年）十一月六日付け、浜名政信寄進状写しに、上野国薗田御厨内東村上村を鎌倉円覚寺大義庵に寄進しています。その文中に、足利尊氏・足利基氏・上杉憲顕の三名の名があります。これは、浜名政信の父浜名朝経が、一三四九（貞和五年）九月に、鎌倉公方となった足利基氏に、上杉憲顕と共に京都から鎌倉に、同行してきたものと考えられます。上杉憲顕・浜名朝経は、足利尊氏に仕えていたことになります。

浜名朝経は、足利尊氏に仕えた浜名仍海の同族ということになります。

第二章　浜名禅門の存在

つぎに、初代浜名加賀守仍海の一代前に、浜名禅門がおりますので、触れておきたいと思います。

①一三二九（元徳元年）十二月十九日　称名寺当知行分注進状「浜名一丁」（神二七九八）

②一三三八（建武五年）七月八日　恵剣書状　浜名禅門（神三三八〇）

③一三四九（貞和五年）五月三日　称名寺領加賀国軽海郷　年貢結解状

弐百捌文　浜名入道殿（神四〇一九）

④一三五〇（観応元年）三月十五日　称名寺領加賀国軽海郷　年貢結解状

浜名殿　伍拾貫文　二月十二日

浜名殿　佰拾弐貫文　三月十六日（神四〇三五）

⑤一三八四（至徳元年）六月二十日　浜名禅門『千葉県史料中世篇県外文書』

⑥一三八六（至徳三年）六月二十日に、法花奥書浜名殿第三年とあります。

第六十二部　浜名氏の年代

ここで、文献等からみた浜名氏三名及びその後の五名の計八名をまとめて、おきます。

第一章　浜名左衛門三郎・浜名神戸香王・浜名禅門

○浜名左衛門三郎『吾妻鑑』
一二四八（宝治二年）十二月十日、浜名左衛門三郎、将軍頼嗣の御方違に、供奉
一二五一（建長三年）八月十五日、浜名三郎、鶴岡八幡宮放生会に参列
○浜名神戸香王
一二八二（弘安五年）二月九日、浜名神戸香王に、伊勢神宮から下達（静一三八四）
一二八四（宝治七年）三月六日、浜名名神戸香王に、伊勢神宮から通知（静一四〇五）
○浜名禅門
一三二九（元徳元年）十二月十九日～一三八六（至徳三年）六月二十日（神二七八九）

第二章　浜名氏五代

①初代浜名加賀守仍海　一三六七（貞治六年）三月二十三日～一三七二（応安五年）二月十五日
②二代浜名詮政　一三七五（英和元年）三月二十七日～一三八一（康和三年）正月十三日
③三代浜名持政　一四〇二（応永九年）九月十六日～一四五〇（宝徳二年）五月
④四代浜名満政　一四四二（嘉吉二年）九月二十四日～一四六八（応仁二年）陰暦四月
⑤五代浜名政明　一四八九（長享元年）九月十二日～一五三九（天文八年）五月

浜名氏の年代は、浜名禅門一三二九（元徳元年）十二月十九日をいれると、五代浜名政明の一五三九（天文八年）五月浜名政明判物写　金剛寺を同一門派の寺とする前備中入道成繁（浜名三郎政明）までの約二百十年間になります。浜名湖の南西部から北西部にかけて、約二百十年間にわたり、浜名湖の領地を守ってきたことになります。

ここで、浜名氏の初代浜名仍海・第二代詮政・第三代持政・第四代満政・第五代浜名政明までの浜名氏五代について記したいと思います。

第六十三部　浜名氏の歴代

ここでは、初代浜名加賀守仍海の一三六七（貞治六年）三月二十三日から、第五代浜名備中守政明の時代、一五六四（永禄七年）十月二十一日までの、浜名氏五代の百九十七年間を扱っています。二百年間、東海道の交通の要衝であり、軍事上の重要拠点でもあった浜名湖北部で、浜名氏の時代が、続いたことは、特質すべきことといって、過言ではありません。

第一章　初代浜名加賀守仍海の時代

一三六七（貞治六年）三月二十三日　新玉津島神社歌合せに、今川範国・今川了俊親子及び浜名仍海が同席しています。このことから、今川氏と浜名氏は、連歌を通じての交流もあったと考えられることは、先に記しました。

一三七二（応安五年）二月十五日条に、二代将軍足利義詮の菩提を祈って、相模国丸子保平間郷半分を、鎌倉円覚寺に、寄進したことも、記しています。この文書は、浜名氏の最も古い書状と、思われますので、掲げておきます。

仍海寄進状（円覚寺文書）

「平間郷」

寄進　円覚寺聖禅寺
　武蔵国丸子保平間郷内知行分半分但除寺社事
右志者、且為奉訪実教箆院（足利義詮）殿御菩提、且（為脱カ）資仍海現当、至未来際、所令寄
付也、仍状如件
応安五年二月十五日
仍海（花押）
のとおりです。ほかに、年不詳の仍海置文（円覚寺文書）に、浜名仍海の誕生日は、一三一一
（応長元年）八月二十二日とあります。（神四六七八）

第二章　第二代浜名備中守詮政の時代

『迎陽記』の作者である、貴族の東城坊秀長は、一三三八（暦応元年）から一四一一（応永十八年）までの生涯を送っています。東城坊秀長の日記『迎陽記』には、浜名詮政が、左京亮から備中守への名乗りの変更、将軍足利義満と二条良基のそれぞれに、取次をする、取次役の状況が、綴られています。浜名詮政は、将軍足利義満の専属の奉公衆のような、活躍ぶりです。これは、一三四九（貞和五年）に、鎌倉の足利義詮が上洛し、京都の足利基氏が鎌倉に下向していますが、下向した足利基氏に、同行した者の中には、上杉憲顕・浜名朝経がいたように、上洛した足利義詮の同行者の中に、浜名仍海・浜名備中守詮政がいたと考えられます。

①一三七五（英和元年）三月二十七日　石清水八幡宮参詣　近習人々の中に、浜名左京亮（浜名詮政）がいます。
②一三七五（永久元年）三月二十七日　石清水八幡社参詣御供、浜名左京亮（浜名詮政）
③一三七九（康歴元年）正月三日　浜名左京亮（浜名詮政）、足利義満のお使いで二条殿へ。
④一三七九（康歴元年）正月四日　浜名左京亮、足利義満のお使いで、二条殿に参る。
⑤一三七九（康歴元年）十一月二十三日　二条殿、足利義満に参る　御供
⑥一三七九（康歴元年）十一月二十四日　足利義満、二条殿に参る　御供
⑦一三八〇（康歴二年）四月八日　浜名備中守詮政に、送り状。ここで、浜名詮政は、初めて浜名備中守詮政を名乗ります。浜名氏で、ほかに「備中守」を名乗るのは、四代浜名備中入道満政で、五代浜名三郎政明も、一時「備中守」を名乗っています。
⑧一三八〇（康歴二年）四月九日　東城坊秀長に、浜名詮政から申立てあり
⑨一三八〇（康歴二年）四月十日　浜名詮政が、東城坊秀長にお使い
〃（康歴二年）四月十二日　東城坊秀長が、浜名詮政を訪ねる。土岐邸和歌会。
⑪一三八〇（康歴二年）四月二十日　浜名詮政に、将軍邸からお使いあり。
⑫〃（康歴二年）四月二十三日　足利義満、二条殿に参る。近習として、御供
⑬一三八〇（康歴二年）五月十一日　浜名備中守詮政、土岐邸歌合

⑭　〃　（康歴二年）六月二十五日　浜名備中守に密事、大樹（将軍足利義満）に、俄かに参上す。『迎陽記』
⑮一三八〇（康歴二年）八月一日　二条殿、将軍足利義詮に『孟子』一部を献上する浜名備中守（詮政）これを奉行する『迎陽記』
⑯一三八一（康和三年）正月七日　白馬節会　浜名備中四郎『花営三代記』
⑰一三八一（康和三年）正月十三日　浜名四郎『花営三代記』

第一節　浜名氏の領地交換

浜名備中守詮政は、足利義満の意向により、鎌倉・村岡郷半分・三宅島と伊勢国河辺・伊勢国霜野御厨の交換をおこないます。浜名氏の相模国の拠点「相模国村岡郷半分・伊豆国三宅島」は、先祖伝来の地で、鎌倉を手放すことには、浜名一族の中では、相当な抵抗があったものと思われます。しかし、将軍の御意向ということで、領地交換は、実施されました。

将軍足利義満の下文は、浜名詮政の領地である相模国村岡郷半分及び伊豆国三宅島を差出し、伊勢国河辺、同国霜野御厨を、受け取る内容でした。その手続きは、次の順序で、行われています。

①将軍足利義満下文
　宛名　浜名詮政
日付　一三七九（康暦元年）閏四月五日

内容（受取所）伊勢国河辺、同国霜野御厨
（差出所）相模国村岡半分、伊豆国三宅島

②将軍足利義満御判御教書　康暦元年五月二日　内容同旨宛先土岐大膳大夫入道
③室町幕府管領斯波義将施行状　康暦二年八月三日　内容同旨　宛先土岐大膳大夫入道
④伊勢国守土岐頼康遵行状　康暦二年九月二十三日　内容同旨　宛先　刑部大輔

しかし、実際は、手違いが生じたようです。⑤のとおりの、申し出がなされています。
⑤室町将軍家御教書一四〇二（応永九年）年四月十五日　伊勢国川辺、同国霜野御厨に人がいる旨の届出が、浜名詮政からなされています。その後、浜名詮政子息の浜名持政から、伊勢神宮に寄進状が、出されます。『三重県史資料編中世一上』を参考にしています。

第二節　相模国村岡郷の地

村岡郷の範囲について

相模国村岡の地は、村岡下・村岡上の上下に分かれ、村岡下は、七村で、鎌倉市北西部六村『城回・関谷・植木・岡本・渡内（のうち小名峯）・山谷新田（城回より分村）』、藤沢市東南部一村『高谷・小塚・宮ノ前・弥勒寺・渡内（の内本村）』の村岡五郷はもと一村で、江戸期はじめに分村しています。村岡上は、五村で、横浜市戸塚区中西部の『原宿・深谷・汲沢・東俣野・上俣野』の全部合わせて、十二村でありました。なお、村岡五郷は、一村に数えています。十二村の半分が対象になります。『平塚市史一資料編古代・中世』によります。

第三章　第三代浜名兵庫助持政の時代

浜名持政は、幕府奉公衆で、その功労に対し、従五位上を授与されています。『康富記』の作者（中原康富）とも昵懇の中のようです。浜名持政は、一四〇二（応永九年）九月十六日に、領している伊勢国内朝明郡内霜野御厨の領地を、伊勢神宮へ寄進しています。このことには、浜名御厨との関連性が考えられます。また、浜名兵庫助持政の名乗り兵庫助は、兵部大輔からきたものと思われます。浜名氏では、ほかに、五代浜名三郎政明等が兵庫助を、名乗っています。ここから、年代順に記事を追っていきます。そのあとに、第一節　伊勢神宮への寄進、第二節　浜名与一（三代浜名兵庫助持政の弟）について述べます。

①一四〇二（応永九年）九月十六日　伊勢国内朝明郡内霜野御厨の領地を、伊勢神宮へ寄進しています。

②一四一七（応永二十四年）五月十八日　武庫（浜名持政）『梵灯庵返答書下』

③一四二〇（応永二十七年）九月九日　武庫禅門（浜名持政）『康富記第一巻』

④一四二一（応永二十八年）正月六日　細川満元家月次会兵部大輔持政『新編国歌大観』

⑤一四二一（応永二十八年）二月十八日　兵部大夫　月次歌会　三十首

⑥一四二二（応永二十九年）八月一日　執筆南向方（徳大寺俊子）浜名持政執筆になります。事務方の責任者で、南向方は、足利義満室徳大寺俊子のことです。浜名持政は、南向方徳大寺俊子担当の責任者をも兼ねます。『花営三代記』

⑦一四二四（応永三十一年）二月　浜名持政　『吾妻問答』

⑧一四三三（永享五年）二月十一日　浜名持政の連歌

あり明の月は寒きに年越て　『桂宮本叢書』第十八巻

⑨一四三四（永享六年）六月二十五日　浜名持政　『満済准后日記』

⑩一四三七（永享九年）十月八日　浜名持政奉書十二神寄進米の請け取りを伝達します。

（静一九三六）

⑪一四五〇（宝徳二年）五月から一四五五（永享三年）三月まで

五番　浜名備中入道（浜名満政）浜名兵庫助（持政）『永享以来御番帳』

第一節　伊勢神宮への寄進

一四〇二（応永九年）九月十六日　浜名兵庫助持政は、伊勢国内朝明郡内霜野御厨の領地を、伊勢神宮へ寄進しています。それには、伊勢国河辺の地は含まれていませんので、残されたものと思われます。

第二節　浜名与一（第三代浜名兵庫助持政の弟）

室町幕府の全盛期は、京都に、金閣寺を建立した足利幕府第三代将軍足利義満の時代で、浜名氏にとっても、浜名第二代浜名詮政その子、浜名第三代浜名持政及び弟の浜名与一の時代で、浜名氏の全盛時代でもありました。

第二巻十七部　浜名与一の後裔

第二巻十九部第一章　浜名豊後守時成の祖先

に、浜名与一の記載があります。

第四章　第四代浜名備中守満政の時代

第一節　室町幕府奉公衆の浜名満政

浜名備中入道満政は、その前半を、幕府の奉公衆として務めていますが、後半には、在京の記録の少ないことから、遠江国に帰ったようです。また、一四四三（嘉吉三年）六月十八日から名乗りを「浜名備中守」から「浜名備中入道」に替えています。

第二節　浜名満政の年譜

①一四四二（嘉吉二年）九月二十四日　浜名備中守満政　『康富記第一巻』

②一四四三（嘉吉三年）六月十八日　連歌百韻　浜名備中入道　『康富記第一巻』

③一四四四（文安元年）三月十八日　　浜名備中入道（浜名満政）『康富記第一巻』

④一四四四（文安元年）五月から一四四九（文安六年）正月までの間。

五番　浜名備中入道（浜名満政）　　『文安年中御番帳』

⑤一四五〇（宝徳二年）五月から一四五五（永享三年）三月までの間。

五番浜名備中入道（浜名満政）・浜名兵庫助（持政）　　『永享以来御番帳』

⑥一四五一（宝徳三年）四月　　摩珂耶寺（浜松市北区三ケ日町）

仁王堂宮札銘　浜名備中法育（満政）　　（静二一二二）

⑦一四六七（応仁元年）応仁の乱に、今川義忠分国の勢で、千余騎を引率し、

京都に上る先陣に浜松（浜名満政のこと）　　『今川記』

⑧一四六八（応仁二年）陰暦四月　　遁世者浜名備中法育（満政）　　『心敬僧都比登里言』

第五章　第五代浜名備中守政明の時代

第一節　浜名備中守政明の時代

浜名政明は、遠州一の戦上手と伝えられています。出陣の回数も多く、負け戦が少ないのが、特徴のようです。また、寺社への寄進も多く、四通を数えます。寄進の回数は、浜名氏の中では、一番多くなっています。浜名氏中興の祖とされ、浜名氏の中では、「遠江浜名三郎」として広く知ら

れています。浜名三郎政明関係の資料等を年代順におってみます。なお、浜名三郎政明は、「浜名三郎」・「浜名政明」・「備中守」・「兵庫助」・「源政明」・「盛繁」・「備中入道成繁」等に名乗りを変えていますので、注意を要します。

第二節　浜名備中守政明の年譜

①一四八七（長享元年）九月十二日　『常徳院御動座当時在陣衆着到』
五番衆　浜名三郎政明　『群書類従第二十九輯』
五代浜名三郎政明の初見になります。

②一五〇三（永正元年）～一五一五（永正十二年）九月浜名政明
田地八反二畝を寄進

③一五〇六（永正三年）八月二十二日　今川軍の遠江衆（浜名政明）として、三河国に侵入し、
松平長親の軍勢と三河岩津矢作川河畔で戦う　『三河物語』

④一五〇六（永正三年）八月二十二日　今川軍の遠江衆（浜名政明）として伊勢宗瑞に従い、三
河国に侵入し、松平長親の軍勢と三河岩津矢作川河畔で戦う　『三河物語』

⑤一五〇八（永正五年カ）三月二十六日　浜名政明書状　差出人備中守（花押）
大福寺田原当神戸知行の時　（静四五四）

⑥一五〇八（永正五年カ）八月九日　玄三書状写　あて名浜名三郎

幡教寺棟別之儀　（静四六〇）

⑦一五〇八（永正五年カ）八月十日　玄三書状　文中浜名殿

鵜津山城雇陣夫　（静四六一）

⑧一五一三（永正十年）十二月二十六日　贄代の八王子社に新田を寄進する　浮面下地蔵の前田七百之所を寄進する　（浜名政明）　（静五九七）

⑨一五一五（永正十二年）八月二十一日　源政明寄進状　大福寺　岡本郷御影米寄進　（静六一九）

⑩一五一五（永正五年）十月　伊勢宗瑞、長親と矢作河（三河国）で合戦

遠江衆　浜名（浜名政明）『三河物語』

⑪一五二〇から（永正十七年）九月まで浜名政明寄進状写

大福寺　田地八反弐畝

⑫一五二二（大永二年）浜名政明、連歌師宗長と、浜名城（佐久城）で、連歌を催す

連歌師宗長は、浜名城主浜名政明を、「浜名備中守館」と記しています。この時、宗長は、七十五歳でありました。浜名城で、連歌一句

水はれてそらやさ月のあまつつみ

を詠んでおり、一日連歌ありとも記しています。『宗長日記』

⑬一五二五（大永五年）三月　　浜名政明寄進状　岡本郷内之内畠二反
大福寺年中行事参　（静八五七）
⑭年不詳七月二十日　浜名政明寄進状
宛左京亮　法初より下地一段寄進　（静八五八）
⑮年不詳七月二十日　浜名政明寄進状
宛大福寺年行事参　法初より下地一段寄進　（静八五九）
⑯一五三九（天文八年）五月　浜名政明判物写　金剛寺を同一門派の寺とする
前備中入道成繁（浜名三郎政明）（静一四九五）
⑰一五四四（天文十三年）十一月十八日　大福寺寺領目録案盛繁（浜名政明）寄進田地之事
（静一七〇〇）
⑱一五五八（永禄元年）十二月十七日　今川氏真判物写　文中浜名兵庫助忠正
浜名三郎政明の子浜名兵庫助忠正　（静二六六九）
⑲一五六〇（永禄三年）月日　今川氏真判物写　文中浜名知行（浜名三郎政明）（静二六六九）
⑳一五六三（永禄六年）三月一日　今川氏真判物文中浜名備中守、同子忠正　（静三一一三）
㉑一五六四（永禄七年）十月二十一日　今氏真朱印状写　文中浜名三郎　（静三二四四）
㉒一五七一（元亀二年）七月二十五日　家忠日記増補追加　遠州浜名の御主の大屋政頼に代えて

戸田忠次・本田信俊に与えています。（静三四八）
浜名氏第五代浜名三郎政明の時代は、ここまでとします。

第六十四部　浜名三郎政明の後裔

第一章　浜名三郎政明文書の初見と終見

初見一四八九（長享元年）九月十二日
終見一五三九（天文八年）五月
初見から終見まで約五十年間となります。

第二章　浜名三郎政明の後裔

一五三九（天文八年）五月　　浜名政明判物写
浜名三郎政明　遠江国金剛寺を、同一門派の寺とします。署名は、前備中入道　成繁で（花押）があります。この書状が、浜名三郎政明最後の書状とされていますが、他に浜名三郎政明の存在を、記す書状があります。

一五四四（天文十三年）十一月十八日　大福寺目録案

「盛繁（浜名政明）御寄進田地之事元三新田上田（他七カ所）お城（鵜津山城）取上被成候」です。

浜名三郎政明の後裔は、第三章浜名兵庫助（忠正）・第四章浜名知行（氏名不詳）・第五章浜名備中守・同子三郎惣右衛門尉・第六章浜名三郎の四名です。

第三章　第六代浜名兵庫助忠正

一五五八（永禄元年）十二月十七日　今川氏真判物写　当寺（金剛寺）

文中「浜名兵庫助（忠正）は、「兵庫助」を官途名としていることから、浜名氏にとって最後の領主と考えられます。

第四章　浜名知行

一五六〇（永禄三年）十二月十一日　今川氏真判物写

文中「浜名知行」あて後藤亀寿殿

「浜名知行」の浜名は、「浜名兵庫助（忠正）のことと考えられます。

第五章　「浜名備中守・同子三郎惣右衛門尉」

一五六三（永禄六年）三月一日　今川氏真判物写に、「浜名備中守・同子三郎惣右衛門尉」とありますが、この「浜名備中守」を、素直に見れば、浜名三郎政明ですが、浜名三郎政明は、一四八七（長享元年）九月十二日の近江出陣ですから、一五六三（永禄六年）今川氏真浜名三郎政明まで、七十六年になります。これに、近江出陣時の年齢を考えますと、当時、四十歳にしても、百十六歳となり、生存していたとは、思われません。ゆえに、この浜名備中守は、浜名三郎政明では、ありません。

「浜名備中守」同子三郎惣右衛門尉」は、一五六四（永禄七年）十月二十一日　今川氏真朱印状写の「浜名三郎」と、同一人物としていいでしょう。

第六章　浜名三郎

一五六四（永禄七年）十月二十一日　　今川氏真朱印状写

文中「浜名三郎」宛大沢左衛門佐殿とあります。

この第六章までで、以下の浜名氏の後裔は、はっきりとしません。

浜名氏五代浜名三郎政明は、一五四四（天文十三年）十一月から一五五八（永禄元年）十二月までの間に、九十歳位で亡くなったと思われます。

第七章　浜名の諸士

浜名の諸士は、浜名氏の家臣であった者を指すと考えられますが、『寛政重修諸家譜巻第九百六』戸田忠次の項に、次のように記載があります。

「遠江国浜名にをいて、叛逆のものあり。このとき忠次・本多百数信俊とおなじく仰せをうけたまりてこれを征し、浜名の諸士三十人を、あづけられ、食邑をたまふ。」としています。残念ながら、この文は、場所がはっきりしないこと、叛逆の様子が書かれていないこと、叛逆者も三十人と少ないこと、食邑を賜っていることなどからして、内容がはっきりしません。

第六巻

富津浜名氏と遠江大谷氏（大屋氏・大矢氏）

第六十五部　『埼玉苗字辞典』と浜名氏

『埼玉苗字辞典』によりますと、浜名姓の多いのは、全国で、

①第一位　群馬県高崎市（榛名郡久留馬村）

上野国群馬郡榛名町は、四十六戸、旧白岩村長谷寺の創立者浜名左衛門義尊により、発展しています。浜名左衛門義尊は、一四一七（応永二十四年）四月十八日に亡くなっています。

②第二位　福島県福島市は、三十六戸、一五七五（天正六年）浜名神戸司の大中臣氏が、浜名出雲守に名前を代え、陸奥国相馬郡小高城主相馬義胤に仕えたとありあます。この一族の発展によることでしょう。『湖西の文化第三十六号』によります。

③第三位　千葉県富津市（上総富津村）は、三十二戸、北条氏の江戸湾の海上交通の要衝が、上総国富津村であります。

第一章　北条水軍の拠点富津

上総国支配の拠点の一つが、上総国富津村であったと言えるでしょう。海上・陸上の両面から重要な地点でした。北条氏にとって、この重要な上総国富津村に、里見氏の領地が、半手（半役）とはいえ、あったことです。北条水軍三浦和田系山本氏は、里見水軍の軍船を、風津浦（富津湊）に

追い上げており、風津浦（富津湊）を里見水軍が支配していた事実があります。富津村の半手（半役）の解消のため、詳細は、分かりませんが、三浦和田氏の一族である浜名氏一族を、富津湊に派遣したものと考えられます。派遣された時期は、一五六七（永禄十年）北条氏規が、三崎城主として、三浦郡の支配を強め始めた時期と考えられます。三浦郡内に所領を持つ、里見氏の家臣正木時茂などを、相模国三浦郡から追放しています。里見氏勢力の一掃です。

第二章　三留氏（見留氏）の伝承

「三崎十人衆」（三浦十家）の三留氏（見留氏）は、上総国富津村の浜名氏の一族と思われます。富津村には、浜名氏を本家とする三留氏（見留氏）の伝承があります。また、三浦和田氏の系統に、三浦和田茂実室『浜名尼』が、見られるように、富津の浜名氏一族は、三浦和田氏の系統を引くと考えられます。三留氏は、相模国高座郡岡田村（高座郡寒川町）に多く、寛永十五年から天明十三年まで十四名の三留氏が高野山に参詣した記録があります。三浦郡横須賀村（横須賀市）に、嘉永年間、三留長兵衛がいました。『日本歴史地名大系第十四巻』によります。

第六十六部　北条水軍と里見水軍

第一章　海賊「三浦三崎十人衆」

一五一六（永正十三年）九月　北条氏の三崎城攻撃によって、三浦和田氏は滅亡しますが、その時に、三浦氏の（三浦十家）が「三崎十人衆」として、北条水軍に組み入れられます。

第二章　海賊「三浦三崎十人衆」の名前

「三崎十人衆」の中に、名前が分かる五人がいます。出口五郎左衛門尉茂忠・三留・亀崎・鈴木・下里の五人です。『北条史料集』によります。「三浦十人衆」（三浦十家）は、『小田原衆所領役帳』に、「新給二十三貫五百文合わせ七百三十五貫九百文」海賊仰せ付けられ、諸役御免とあります。出口五郎左衛門尉茂忠は、三浦高明の孫で父は、古河公方足利成氏に属した三浦高信であるとされています。『三浦氏・後北条氏の研究』

第三章　三浦和田氏の子孫

すなわち、出口五郎左衛門尉茂忠は、三浦半島を領地とした、三浦和田氏の一族です。佐原三浦義連の二代あとに、三浦盛時がいます。三浦盛時は、三浦和田氏の祖となります。この三浦盛時の八代あとに、三浦高明がおり、三浦高明の孫が、出口五郎左衛門尉茂忠となります。

第四章　出口五郎左衛門尉茂忠と同族の三留氏

三留氏には、相模国高座郡宮ノ岡田村（寒川町）に、三留市左衛門（名主）、三留源左衛門、三留四郎門、三留左衛門の四名がおり、相模国高座郡真田村（平塚市）に、見留市郎兵衛（組頭）見留庄右衛門（組頭）の二名が、見受けられます。平塚市・寒川町の三留（見留）については、『高室院文書』によります。また、三留氏（見留氏）については、福田弘夫氏から御助言を得ました。

第五章　北条水軍大将、山本正次

三浦和田氏出身の山本正次は、北条水軍の大将で、多大な功績を残しています。

なお、「三崎十人衆」は、同族の三浦和田衆山本水軍と行動を共にしており、北条宗家は、里見水軍に対する重要性を認識し、「三浦和田氏の山本水軍」及び「三浦十人衆」を統括する人物に、北条宗家の北条氏規を「三崎城」に派遣し、玉縄城主も、その統括下に組み入れたと考えられます。

第六十七部　北条水軍の編成

ここで、北条水軍の編成を、まとめておきます。三崎城主・韮山城主は、北条氏規で、側近に、南原昌治、総指揮にあたるのが、三崎城城代山中修理亮康豊でした。北条水軍の編成は、先頭水軍として、三崎十人衆（出口五郎左衛門尉茂忠）、主力水軍（北条水軍大将）として、山本正次がおり、予備水軍として浜名氏がおりました。

この北条水軍は、遠く江戸湾の外である、伊豆国下田港・房州洲崎で、合戦におよんでいます。おそらく、当時としては、最強の水軍であったと考えられます。

水軍の編成は、船一艘につき、責任者一名・戦闘員二名・船頭一名・水夫一名の計五名が乗船しています。先頭水軍は、三艘で、十五名、主力水軍は、六艘で三十名、予備水軍は、三艘で、十五名の計六十人で、編成されています。主要な任務は、先頭水軍が、江戸湾の警戒を、主力水軍は、海戦を、予備水軍は、半手支配のほか、三崎城・三崎港の守備を担当していたと、考えられます。

三崎城主・韮山城主
北条氏規――三崎城城代
山中康豊――先頭水軍
出口五郎左衛門尉茂忠

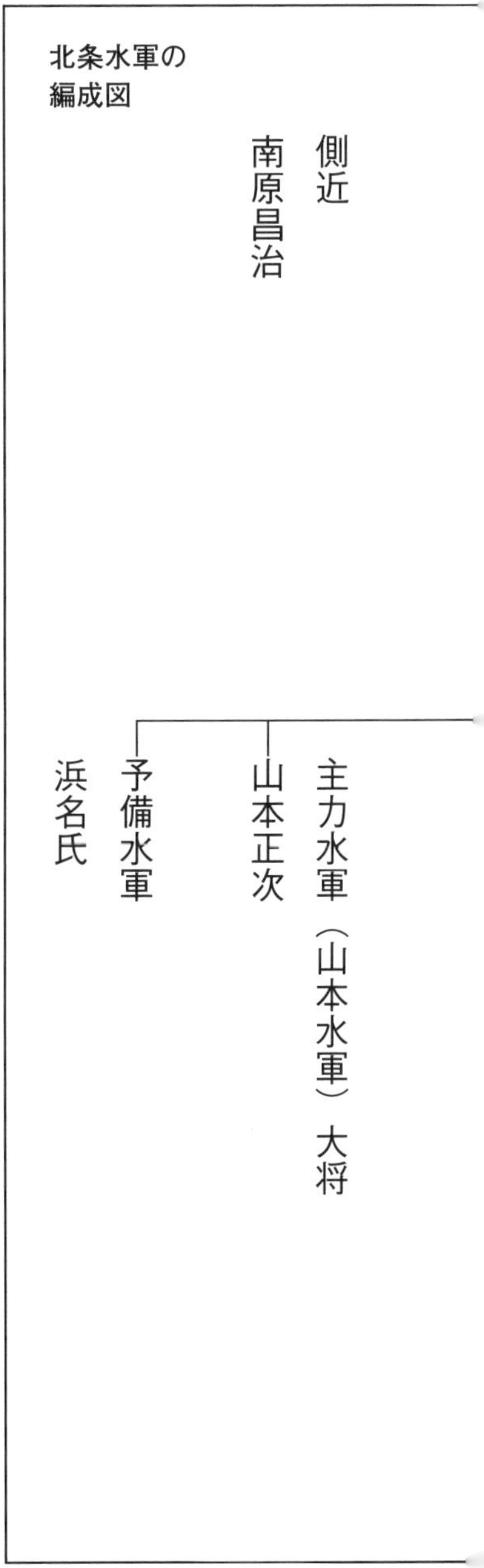

第六十八部　富津に見る半手支配の実態

上総国富津村に接続する村に、旧新井村・川名村・篠部村の三カ村あり、さらに、新井村に、接続して、旧西川村・青木村・大堀村の三カ村があります。これら六カ村は、北条氏と里見氏の半手支配とされていますが、実質的には、北条氏の支配になっています。

上総国富津村は、北条氏と里見氏の半手支配とされていませんが、その実態は、一時期、事実上の、半手支配にあったと言っていいでしょう。このような、半手支配の実状は、半手が、現地の施行者に任せられていたことにあったと思われます。『新横須賀市史資料編第二巻』によります。

上総国周東郡富津村支配の実態は、
上総国富津村　東町　松下氏（北条水軍）対佐野氏（里見水軍）
西町　三留氏（北条水軍）対向井氏（里見水軍）
となっており、北条氏と里見氏の半手支配が認められます。

第六十九部　北条氏規による半手支配の改革

第一章　改革の内容

一五七六（天正四年）三月二十八日付けの北条氏規朱印状写が、新たな半手（半役）の分担を伝えています。いままで、上総国西部の沿岸地区（江戸湾一帯の十七カ村）の年貢請負役を、富津の鋳物職野中修理亮一人で行っていましたが、これから小林・半助・杉山・勘助・蒔田の五人に増やして計六人にしています。そして、海上警護の責任者三浦衆山本正次に、各村に半手（半役）の契約を続けるかどうかの確認を指示しています。『新横須賀市史資料編第二巻』によります。

第二章　蒔田氏の出身地

なお、蒔田氏の出身地は、横浜市南区蒔田であり、鎌倉市に蒔田氏屋敷跡があります。上総国の蒔田氏は、中世小櫃川流域の亀山郷（千葉県君津市）を拠点として活躍した番匠と認められ、江戸時代には、望陀・周西（千葉県君津市、富津市）の小糸川流域を拠点として活躍しています。なお、蒔田には、吉良氏の居城「蒔田城」がありました。『江戸湾をめぐる中世』によります。

第三章　北条氏規と三浦和田衆山本水軍

山本水軍は、はじめ北条為昌に仕え、一五四二（天文十年）北条為昌が亡くなると、北条氏康の直接支配下におかれ、永禄年間（一五五八～一五六九）に、北条氏規の家臣となっています。三浦和田衆山本氏は、三崎城主北条氏規の指揮を受け、三崎城・三崎港を拠点に、対岸の上総国を含めた江戸湾の海上警備に従事しています。三浦和田衆山本氏は、伊豆国多古に所領を、有したため、伊豆国多古の出身とされてきましたが、本拠地は、三浦の三崎城・三崎港で、三浦三崎の水軍であります。『北条氏康の子供たち』「北条氏規」によります。

第四章　北条水軍と里見水軍の追加事項

北条水軍と里見水軍及び正木氏については、

第四巻第四十四部　第七章　正木兵部大夫時茂の所領

第四巻第四十四部　第八章　上総国峰上城主正木兵部大夫時茂
第四巻第四十四部　第九章　北条水軍と里見水軍の海戦
で記載しています。

第七十部　房州保田・上総富津・相模六浦

安房国保田（安房郡鋸南町）の妙本寺の住職日侃は、妙本寺から、上総国古戸（富津）を経由して六浦（武蔵国金沢）まで渡航していました。外海から内海へ、内海から外海への航海は、なみ大抵のことではなかったでしょう。富津岬（富津洲の崎）は、海流の急な難所で、有名です。富津岬の急流については、『江戸湾の海上戦』で、下山治久氏が指摘されておられます。また、『北条五代記巻八』には、「三浦走水崎と上総国富津洲の崎、間わずか一里、潮の満ち引きのはやき事、矢を射るがごとし」としているように、上げ潮から引き潮へ、引き潮から上げ潮へ、と潮目が止まる、半刻の間が、まさに勝負どきになります。海だからと言って、いつでも、走れるわけではありません。ほかに、風にも、左右されます。水主が恐れる「ならいのかぜ」（強い北東の風）が吹くと、江戸湾の外、太平洋に流されることもあるからです。

第七十一部　上総篠部村と相模篠窪村

上総国富津村の篠部が、相模国の篠窪に、なっていることとです。それは、小田原衆所領役帳に、朝倉能登守政元（犬也）の領地は、「上総国（杉谷・篠窪）で七十五貫文」あり、この地名の説明に、杉谷は、君津市で、篠窪は不明と、していることが多いのです。このことについて、誤まりがあるとするならば、草書で類似する富津市篠部のことと思われると長塚孝氏は、『馬の博物館研究紀要第二一号』で指摘されています。その通りだと思います。朝倉能登守政元は、駿河国の出身で、のち北条氏に仕え、相模国津久井郡に住んだとされています。鞍つくりの名手で、大坪道禅（千葉県市原市）は、伊勢氏（上総国に領地を有していました）の朝倉氏の系統です。また、富津湊に接する篠部村を所領としていたので、北条水軍の一翼を、担っていたと考えられます。

第七十二部　浜名氏と大谷氏（大屋氏・大矢氏・大家氏）

浜名氏と大谷氏について記す前に、浜名氏と関連する氏名について述べておきます。

浜名氏の一族として代表的なのは、縣氏と大谷氏です。大谷氏については、第八十三部　浜名氏と大谷氏（大屋氏・大矢氏・大家氏）で、取り扱いますので、ここでは、縣氏について記しておきます。

『浜名氏系図』の中には、浜名氏系の縣氏を載せる系図があります。すなわち、縣氏一族（縣氏・英多氏・安方氏・安形氏）でいずれも、「あがたし」と読みます。縣氏を名乗る四家の方々です。残念ながら、浜名氏と縣氏の関連を示す資料は、見つかっていません。縣氏一族は、浜名氏から分かれたとしていますが、浜名氏のルーツは、逆に、浜名氏一族が、縣氏一族から分かれた可能性があります。

遠江国浜名郡英多の地名は、一六〇二（慶長七年）ころに、浜名郡英多から三ヶ日（浜松市北区三ヶ日町）に、地名が替わったとされています。このことに関係があるかもしれません。

第一章　大谷氏（大屋氏・大矢氏・大家氏）の地名

第一節　遠江国浜名郡の大谷氏

大谷の地は、遠江国浜名郡（浜松市北区三ヶ日町大谷）に所在し、大谷川の上流の地にあります。大谷氏の居城である土居城跡が残っています。大谷の地に、神社は、浜名七明神のひとつ大谷神明宮が存在しています。この大谷神明宮には、一一九二（建久三年）ころ、伊勢神宮から、神戸司が、配属されています。寺社には、吉祥寺・高栖寺の二寺があります。大谷の地は、浜名郡英多郷に隣接しています。『角川日本地名大辞典　第二十二巻』

第二節　駿河国大谷郷の大谷氏

大谷氏には、駿河国有度郡下島大谷郷（静岡市大谷）に、大谷氏縁故の地名大谷があります。駿河国大谷郷（静岡市大谷）には、奈良時代後半、片山廃寺が存在したようです。大谷氏は、北条氏の家臣として、功臣四十六家のうちの、「相模衆十四家」の中に入る名家とされています。

第二章　大谷氏の一族

大谷盛勝の二俣城主（静岡県天竜市）、そして、大谷帯刀左衛門公嘉の玉縄城支城（御幣山城主）が知られています。『鎌倉市史考古編』によります。なお、地頭として、駿河国下島郷地頭大屋勘解由左衛門・遠江国（佐野郡）厚田庄地頭大谷豊前入道の二名、ほかに、伊豆国仁田郷代官大屋善右衛門尉・相模国土肥谷本村小代官大谷左衛門の二人がいます。第四代玉縄城主北条氏繁の家臣に、大谷帯刀左衛門公嘉が見えます。玉縄城主北条氏繁の家臣大谷帯刀左衛門公嘉は、豊臣秀吉の小田原攻めに、城主と共に小田原城に、籠城しています。

浜名氏関係の系図には、その系図の多くが、浜名氏と大谷氏が、交代で浜名郡英多（浜松市北区三ケ日町）の領主を継いだことになっていますが、その実状は、確認できていません。

第三章　玉縄城主北条氏繁と御幣山城主大谷帯刀左衛門公嘉の出陣

第一節　上杉謙信

一五六一（永禄四年）三月二十四日、上杉謙信が玉縄城を囲む。北条氏繁・大谷帯刀は、玉縄城を守りきります。この北条氏繁は、第四代玉縄城主ですので、大谷帯刀は、その家臣と思われます。また、大谷帯刀が玉縄城に、いたことがわかります。

一五六一（永禄四年）四月、上杉謙信小田原城を攻めます。第四代玉縄城主北条氏繁と家臣大谷帯刀左衛門公嘉は、共に韮山城に籠城します。

第二節　武田信玄

一五六九（永禄十二年）九月、武田信玄が、小田原城を包囲します。

第四代玉縄城主北条氏繁及び家臣大谷帯刀左衛門公嘉は、小田原城に、籠城します。

第三節　豊臣秀吉

一五九〇（天正十八年）五月三日に、大谷帯刀左衛門公嘉の孫大谷帯刀左衛門嘉俊は、多目周防守長定と共に、上野国西牧城（甘楽郡下仁田町三明石）で、討死しています。

『新編相模国風土記稿』によります。

第四章　大谷帯刀左衛門公嘉の家系

①大谷帯刀左衛門公嘉―②大谷帯刀左衛門嘉信―③大谷帯刀左衛門嘉俊

大谷帯刀左衛門公嘉は、御幣山城主で、親城の玉縄城主北条氏繁の家臣となっています。第三章で、同行の一部が分かります。大谷帯刀左衛門嘉俊は、豊臣秀吉の小田原攻めに抵抗し、一五九〇（天正十八年）五月三日、上野国西牧城（下仁田町）で、討死しています。『鎌倉市史考古編』では、討死にしたのを、大谷帯刀左衛門公嘉としていますが、孫の大谷帯刀左衛門嘉俊と思われます。なお、浜名氏の一族である大谷氏が、玉縄城主北条氏繁の家臣として、行動を共にしていることは、玉縄城主北条氏繁と浜名豊後守時成との関連が考えられます。

御幣山は、浜名氏の根拠地（相模国村岡）で、浜名氏第二代浜名詮政が、所領としていたこともあったからです。戦国時代に、吉良一族が、相模国村岡を領地としています。

第五章　二俣城主大谷盛勝の書状

一五〇一（文亀元年カ）十二月二十三日条『新編信濃史料叢書第十二巻』に載せるこの書状は、大谷氏が、二俣城主（静岡県天竜市）の当時のもので、今に伝わる、大谷氏単独で発給した、たった一通の書状です。また、大谷盛勝の「盛」は、伊勢宗瑞の実名盛時からの偏諱と思われます。

『今川氏と伊勢宗瑞』に、例を載せています。大谷氏は、早くから北条氏に仕えたようです。それでは、その文書『一五〇一（文亀元年カ）十二月二十三日』付けの大谷盛勝書状をここに、掲げておきます。

今度一勢御合力、畏入早漏、就其為御礼、被申入候間、重而御合力之事、可憑人之由候、委曲櫛置伊勢守殿披露可被申候、恐慌謹言

十二月二十三日

大谷長門守盛勝（花押）

謹上

小笠原左衛門佐殿（定基）参　人々御中

ここに、大谷氏（大屋氏・大矢氏）関係の事例を、年代順に並べてみます。なお、第十八部第六章では、『静岡県史資料編五中世一・資料編六中世二・資料編七中世三・資料編八中世四』の資料紹介を省略しておりますので、ご了解をお願いします。

第六章　大谷氏の動向について

①一二三三（天福元年）九月　　大矢末時
②一二五一（観応二年（カ）十二月　　大屋勘解由左衛門尉『新編相模国風土記稿』
大屋勘解由左衛門尉は、駿河国下島郷の地頭をしています。
③一三六四（貞治元年）十二月二十一日　駿州下島郷の内、大屋勘解由左衛門尉闕地が、鎌倉・円
覚寺に寄進されています。
④一三七〇（応安三年）二月二十七日　駿河国下島郷地頭方大屋勘解由左衛門跡事
⑤一四一二（応永十九年）八月十九日　遠江国守護甲斐祐徳奉書案
宛大谷豊前入道
大谷豊前入道は、遠江国（佐野郡）厚田庄の地頭をしています。
⑥一五〇一（文亀元年カ）十二月二十三日条『新編信濃史料叢書第十二巻』に載せるこの書状は、
大谷氏が、二俣城主（静岡県天竜市）の当時のもので、今に伝わる、大谷氏単独で、発出した唯
一の文書です。
⑦一五四三）天文十二年）十月　　仁王像胎内札銘　大屋宥成
⑧一五五八（永禄元年）三月二十四日　北条家印判状写　宛名大屋（戦北五七五）
上杉謙信、相模国玉縄城を攻める
⑨一五六一（永禄四年）三月二十四日、上杉謙信が玉縄城を囲む。北条氏繁・大谷帯刀は、玉縄城

を守りきる。この北条氏繁は、第四代玉縄城主ですので、大谷帯刀は、その家臣と思われます。

また、大谷帯刀が玉縄城に、いたことがわかります。

伊豆国仁田郷代官大谷善右衛門尉
⑩一五六九（永禄十二年）七月二日　北条氏康朱印状　大屋申渡
一束三銭　代価三百文　（戦北一二七四）
この大谷氏は、伊豆国仁田郷代官（大谷）善右衛門尉と思われます。
⑪一五七〇（元亀元年）八月十二日　山角康定書状　武田勝頼、韮山城を攻める。（戦北一四三五）

第七章　神光寺の大檀那大谷筑前守

神光寺は、神奈川県藤沢市川名に所在し、相模国準四国八十八か所めぐりの七十四番札所になっております。正式には、稲荷山影向院神光寺となります。この神光寺の大檀那が大谷筑前守とされています。一五六九（永禄十二年）十月武田信玄は、小田原城を攻めます。この時、北条氏は、諸足軽衆に、動員をかけております。大谷氏は、五十四人の動員を命ぜられています。『北条氏綱と戦国関東争奪戦』によります。大谷筑前守は、大谷帯刀左衛門公嘉のことではないかと考えられます。

おわりに

家系について、和田氏・佐竹氏・布施氏・上田氏・浜名氏の五氏について、取り上げて置きました。子孫への相続で、各家はそれぞれに、苦労しているようです。

（一）三浦氏（三浦和田氏）の系図

三浦氏（三浦和田氏）の惣領和田茂実室の「浜名尼」は、和田合戦で、滅亡した和田氏一族の立て直しに、成功します。そして、和田氏惣領家としての体面を保ったことが上げられます。『相模国の中世史』湯山学氏

（二）佐竹義躬の佐竹家臣小場氏の相続

常陸国の雄、第十七代佐竹当主佐竹義篤の室「浜名氏」（佐竹義篤室、佐竹義躬の母親）の存在を明らかにしています。佐竹氏から小場氏に嫁いだ姫、小場（佐竹氏）義躬の後に、小場氏を継いだ佐竹氏に、佐竹義明の子佐竹義宗がいます。

『戦国大名家臣団事典東国編佐竹氏』市村高男氏

（三）布施康純（康則）と布施康能

布施康純（康則）、布施康能は、北条氏家臣布施康貞の同族と考えられていましたが、いずれも布施康貞の子供で、兄弟であることを、明らかにしました。

兄布施康純（康則）は、北条氏康と里見義弘の下総国国府台（千葉県市川市国府台）の第二次合戦で、槍傷を負い、北条氏康から「佐渡守」を授けられています。家督も弟の布施康能に、譲っています。

（四）玉縄城主北条氏勝奥方様の妙本寺参詣

玉縄城主北条氏勝奥方様「妙俊」（上田朝直二女）と玉縄城主お局様「妙持」（布施康能長女）の参詣に、同行する、浜名豊後守時成の交流関係の良さが、偲ばれます。なお、「妙俊」には、「日能」（上田朝直長女）という姉がおります。『東松山市の歴史上巻』・『伊勢宗瑞とその一族』黒田基樹氏によります。なお、北条「妙俊」は、吉良氏朝と再婚しております。

（五）浜名豊後守時成の家系

室町幕府奉公衆（足利義満）で、南向方（大道寺俊子）の就筆（事務方の責任者）になった、浜名持政がおり、その浜名持政の弟に、同じ奉公衆の、浜名与一がおります。また、この浜名与一を祖とする浜名氏に、浜名豊後守時成がいます。浜名豊後守時成には、三人の子供がいました。二男の浜名与二（浜名兵庫助忠光）は、山中頼元に、嫁いだ北条氏照の息女「貞心尼」の付け人として、相模国下溝村に随行し、「貞心尼」亡き後の、小田原城落城まで、山中大炊助頼元に、家臣として仕えています。

また、浜名豊後守時成の屋敷神「浜名稲荷社」が、小田原の蓮昌寺に隣接して、あったことが、分かりました。浜名豊後守時成の屋敷神の存在が、より、浜名豊後守時成の存在を明らかにしたと思われます。しかし、自身の力量不足のため、全貌を明らかにできませんでした。

今後の浜名氏の研究に、少しでも参考になれば、幸甚に思います。最後に、本書の作成に、お世話いただいた皆様、資料提供に、ご協力いただいた福田弘夫様、そしてパレードブックスの原幸奈さんに、厚くお礼申しあげます。

参考文献

基本文献

神奈川県史資料編　（神〇〇〇）

静岡県史資料編　（静〇〇〇）

戦国遺文後北条氏編　（戦北〇〇〇）

第一巻　奈良・遠江の浜名氏

①敏達天皇系王統の広瀬郡内進出について　平林章仁『日本書紀研究第十四号』橘書房

②皇祖大御名入部について－大化前代における皇室私有民の存在形態―彦人皇子略伝薗田香融　日本書紀研究

第三巻

③七世紀の古代史―王宮・クラ・寺院―』平林章仁　白水社

④日本古代社会と荘園図　秋篠寺の研究　長岡篤　東京堂出版

⑤秋篠庄と京北条里　秋篠寺とその寺領　山本崇　新日本紀研究第三二四号　続日本紀研究会

第二巻　鎌倉・小田原・金沢の浜名氏

①迎陽記　校訂小川剛生　八木書店

②中世房総の政治と文化　小笠原長和　吉川弘文館

③北条為昌と北条綱茂―玉縄城主論の進化の為に－日本歴史第四五三号　佐藤博信

④中世東国足利・北条氏の研究―北条為昌と北条綱茂玉縄城主論進化のために―佐藤博信　岩田書院
⑤戦国大名北条氏の領国支配　黒田基樹　岩田書院

第三巻　上田氏・布施氏・浜名氏

①論集戦国大名と国衆十五武蔵上田氏　編者黒田基樹　岩田書院
②論集戦国大名と国衆第九巻　編者朝倉直美　岩田書院　玉縄北条衆とその文書　佐藤博信
③東村山市の歴史上巻　東村山市
④東松山市史資料編第二巻　東松山市
⑤北条氏康の子供たち　黒田基樹・浅倉直美編　宮帯出版社　七曲殿―北条氏繁の室　小笠原春香
⑥すべてわかる戦国大名里見氏の歴史　河名登編　国書刊行会
⑦正木時茂と一族―小田喜・勝浦・内房総正木氏の成立過程―　千野原靖方　千葉史学　第二十号
⑧北条氏と内房正木氏　黒田基樹　中世房総第十号
⑨関東武士研究叢書第四巻　吉良氏の研究　荻野三七彦　名著出版
⑩戦国大名領国の支配構造　北条宗哲と吉良氏朝　黒田基樹　岩田書院
⑪平塚市史一史料編古代中世　平塚市
⑫妙本寺大堂常什回向帳（妙本寺過去帳）　大田区史資料編寺社（二）　大田区役所
⑬蓮昌寺過去帳　大田区史資料編寺社（二）　大田区役所
⑭浄蓮寺過去帳　大田区史資料編寺社（二）　大田区役所
⑮西遠江進攻と直轄支配―大福寺文書を素材として―長塚孝　史学論集第十号

⑯中世歌壇史の研究　井上宗雄　風間書房
⑰中世東国の権力と構造　佐藤博信　校倉書房
⑱藤沢市史研究第七号　玉縄北条氏の研究　玉縄北条文書集補遺（一）佐藤博信
⑲今川氏親と伊勢宗瑞　黒田基樹　平凡社　戦国大名論集十一今川氏の研究
⑳神奈川県史研究第三十八号　江戸時代相州の寺院一―その数量的側面―青山孝慈
㉑山中貞心神社新築記念誌　下溝堀之内自治会　福田弘夫・井上芳秋
㉒今川氏と後北条氏―駿甲相同盟の政治的前提―久保田昌希　清文堂
㉓戦国大名の支配構造　編者有光有学　吉川弘文館
㉔戦国大名論集十一今川氏の研究　有光友学　吉川弘文館
㉕戦国期静岡の研究―今川氏と後北条氏―久保田昌希　静岡地域史研究会編　清文堂出版
㉖戦国大名北条氏の研究　杉山博　名著出版
㉗戦国大名今川氏の西遠江進攻と直轄領支配―大福寺文書を素材として―長塚孝　駒沢大學史学論集第十九号
㉘中世と近世を生きた北条氏勝　外山信司　千葉史学第二十号

第四巻　全国の浜名氏の活動拠点

①浜名神戸と浜名氏―浜松市北区三ケ日町の古代・中世―村田茂美
②浜名神戸の住人拾遺　村田茂美　湖西の文化第三十六号　湖西市教育委員会
③東国の戦国合戦　市村高男　吉川弘文館
④戦国大名家臣団事典東国編　佐竹氏　市村高男　新人物往来社

⑤佐竹氏家臣団人名事典　市村高男

⑥武州御嶽山文書第一巻　金井家文書　法政大学、青梅市教育委員会

⑦武蔵史料銘記集　稲村坦元　東京堂出版

⑧国府祭相模国国府調査報告書　大磯町教育委員会

⑨増補武州御嶽山史の研究　斎藤典夫　文献出版

⑩武州御嶽山信仰史の研究　西海賢二　名著出版

⑪藤野町史料編上　石楯尾神社略縁起（藤野市）

⑫寒川町資料所在目録近世二　神奈川県寒川町

第五巻　浜名氏の寄進・年代・歴代

①浜名氏論　高橋佑吉

②戦国期の地域権力と地域社会　久保田昌希　有光友学　吉川弘文館

③戦国期東国社会論　久保田昌希　戦国史研究会　吉川弘文館　戦国期の地域権力と支配―遠州大福寺文書に
　みる浜名氏―

第六巻　上総富津の浜名氏と遠江大谷氏

①江戸湾をめぐる中世　佐藤博信　思文閣出版

②安房妙本寺と安房里見氏―上総金谷城・妙本寺要害及び勝山城をめぐって―佐藤博信　千葉県史研究第六号

③戦国大名領国の権力構造　則竹雄一　吉川弘文館　北条海賊山本氏の動向

④戦国の房総と北条氏　黒田基樹　岩田書院

⑤北条氏康の子供たち　黒田基樹・浅倉直美編　宮帯出版社　北条氏規　石渡洋平
⑥シリーズ・実像に迫る戦国江戸湾の海賊　北条水軍ＶＳ里見水軍　真鍋淳哉　戎光祥出版
⑦戦国里見氏の上総支配　河名登　歴史手帖　第六巻第七号
⑧戦国期江戸湾の海賊　菊池武　歴史手帖　第六巻第七号
⑨房総里見氏と江戸湾の水上交通　滝川恒昭　千葉史学第二十四号
⑩埼玉苗字辞典　茂木和平
⑪浅倉政元―鞍を作る武士の周辺―長塚孝　馬の博物館研究紀要第二十一号
⑫中世江戸湾の海上交通　千葉史学第十九号　浜名敏夫　千葉歴史学会
⑬中世東国の地域権力と社会　北条水軍山本氏について―里見水軍との海戦をめぐって　―浜名敏夫　千葉歴史学会編　岩田書院
⑭発戸・古戸・富津　浜名敏夫　千葉史学第十七号　千葉歴史学会

浜名敏夫氏発表論文一覧

番号	論文名	雑誌名	発行所	年月日
1	本土寺過去帳の猿楽	『我孫子市史研究』第11号	我孫子市教育委員会	1987年11月
2	本土寺過去帳と臼井	『うすゐ第三号』	臼井文化懇話会	1988年3月
3	中世房総における芸能の展開	『千葉県の歴史』第38号	千葉県	1989年8月
4	中世房総の芸能と原氏一族 ―本土寺過去帳の猿楽者―	『中世房総』第8号	房総中世史研究所編 崙書房	1991年11月
5	中世房総の芸能と原氏一族	『日本史学年次別論文集　中世1』	学術文献刊行会	1991年
6	中世房総の芸能と原氏一族 ―本土寺過去帳の猿楽者―	『旧国中世重要論文集成　下総国』 石渡洋平編	戎光祥出版	2019年3月
7	中世江戸湾の海上交通	『千葉史学』第19号	千葉歴史学会	1991年11月
8	中世江戸湾の海上交通	『日本史学年次別論文集　中世1』	学術文献刊行会	1991年
9	中世上総の豪族村上氏	『上総市原』第8号	市原市文化財保護協会	1992年1月
10	平将門と平氏一族の抗争	『千葉文華』第28号	千葉県文化財保護協会	1993年3月
11	小弓公方の家臣上総椎津氏	『市原地方史研究』第18号	市原市教育委員会	1994年3月
12	小弓公方の家臣上総椎津氏	『日本史学年次別論文集　中世1』	学術文献刊行会	1994年
13	上総椎津氏の居城について	『千葉城郭研究』第3号	千葉城郭研究所	1994年7月
14	上総椎津氏の居城について	『日本史学年次別論文集　中世1』	学術文献刊行会	1994年

15	北条水軍山本氏について ―里見水軍との海戦をめぐって―	『中世東国の地域権力と社会』	岩田書院	1996年11月

鎌倉・小田原・遠江の浜名氏

2024年4月30日　第1刷発行

著　者　浜名敏夫《はまなとしお》

発行者　太田宏司郎

発行所　株式会社パレード

　　大阪本社　〒530-0021　大阪府大阪市北区浮田1-1-8
　　　　　　　TEL 06-6485-0766　FAX 06-6485-0767
　　東京支社　〒151-0051　東京都渋谷区千駄ヶ谷2-10-7
　　　　　　　TEL 03-5413-3285　FAX 03-5413-3286
　　https://books.parade.co.jp

発売元　株式会社星雲社（共同出版社・流通責任出版社）
　　　　　　　〒112-0005　東京都文京区水道1-3-30
　　　　　　　TEL 03-3868-3275　FAX 03-3868-6588

印刷所　創栄図書印刷株式会社

本書の複写・複製を禁じます。落丁・乱丁本はお取り替えいたします。
©TOSHIO HAMANA 2024 Printed in Japan

ISBN 978-4-434-33795-6 C0021